Forever Jungs

Mark Britton

# Forever Jungs

Das merkwürdige Verhalten von Männern
in der Lebensmitte

Kösel

Verlagsgruppe Random House FSC® N001967
Das für dieses Buch verwendete FSC®-zertifizierte Papier *Classic 95*
liefert Stora Enso, Finnland.

Copyright © 2014 Kösel-Verlag, München,
in der Verlagsgruppe Random House GmbH
Umschlag: Weiss | Werkstatt | München
Übersetzung: Tobias Bungter
Druck und Bindung: GGP Media GmbH, Pößneck
Printed in Germany
ISBN 978-3-466-34598-4

www.koesel.de

*Dieses Buch ist all jenen gewidmet,*
*die dem banalen und manchmal*
*erschreckenden Prozess des Alterns*
*mit Humor, Gelassenheit und*
*einer guten Antifaltencreme*
*entgegentreten.*

# Inhalt

9 My Generation

20 Krise, welche Krise?

30 Wenn die Eier nicht mehr springen

39 Frag Mutti und Vati

50 Vergangenheit der Extraklasse

58 Manche mögen's immer noch heiß

67 Hinfallen

77 Zweitbester sein

87 Mehr Gewicht aufs Positive

96 Ein dunkler Fleck am Horizont

106 Flug ins Nimmerland

114 Volles Programm

123 Rückkehr der Romantik

133 Zu alt für Rock 'n' Roll, zu jung für Wassergymnastik

146 Neustart!

159 Dank

# My Generation

»Wenn ich ›Da! Da! Da!‹ spiele, kommt eine Pause und dann bist du dran.«

»Meinst du nicht ›Da! Da! Di! Da!‹?«

»Nein! Ich meine das verdammte ›Da! Da! Da!‹«

\*\*\*

Jeden Freitagabend haben wir Bandprobe. Wir sind keine echte Band, wir haben noch nie vor Publikum gespielt. Wir sind noch nie durch einen einzigen Song gekommen, ohne zu unterbrechen, um miteinander zu streiten. Wir sind einfach nur vier von den mittleren Jahren gerupfte und gebeutelte Männer, die sich eine Schallplattensammlung teilen, gemeinsam trinken und sich gerne gegenseitig anschreien, während sie legendäre Rock'n'Roll-Nummern in einem schalldichten Keller verhunzen.

Ich schreie am lautesten, denn ich bin der Sänger. Immerhin etwas, das ich im Alter von 54 Jahren erreicht habe, auch wenn sich meine Frau Carolin darüber kaputtlacht und sich mein Sohn Benni – er ist Teenager – dafür in Grund und Boden schämt.

Ich schreie Manfred an, nicht nur, weil er Gitarre spielt wie ein rheumatischer King Kong, sondern auch, weil er zwei Jahre jünger ist und ich somit die Erlaubnis dazu habe. Selbst schreien und sich anschreien lassen ist Manfreds Art, Stress abzubauen, was er als herumkrebsender Online-Anzeigenvertreter in den mittleren Jahren und geschiedener Vater seiner ebenso hübschen wie launischen Tochter Zarina – auch sie ein Teenager – bitter nötig hat. Sonja, seine Verflossene, ist die beste Freundin meiner Frau Carolin, ein perfektes Beispiel für die katastrophale Komplexität, die soziale Verflechtungen in den mittleren Jahren auszeichnet. Carolin und Sonja sind die idealen Groupies für unsere scheiternde Altherren-Rockband, denn sie haben nicht das geringste Interesse an uns.

Viktor ignoriert unseren Streit, der vor seiner Nase stattfindet, und drischt stattdessen in hirntötender Lautstärke auf sein Schlagzeug ein. Viktor ist erst 43 und überzeugter Single. Er ist Sportlehrer und hat sich, abgeschreckt von der Vorstellung, in dem Monumentalfilm *Meine eigene Familie* die Hauptrolle zu übernehmen, dazu entschieden, in den Familien seiner ständig wechselnden alleinerziehenden Freundinnen als Seifenopern-Gaststar aufzutreten. Sein jugendliches Aussehen ist ihm dabei eine große Hilfe, darum liegt es ihm besonders am Herzen. Manchmal glaube ich, dass Viktor nur mit uns abhängt, damit er sich noch jünger vorkommt.

Jürgen ist mit seinen 62 Jahren fast schon Rentner. Als ehemaliger Bassist in einer Jazzband könnte er sogar Noten lesen, wenn er sie durch seine Nickelbrille noch erkennen würde – und das, obwohl er selbst ein erfolgreicher Augenoptiker ist. Seine Musikkenntnisse und sein Kontostand sorgen dafür, dass er irgendwie erwachsener wirkt als wir anderen.

Jürgen war es auch, der den schalldichten Keller eingerichtet hat. Es war der letzte Winkel seines kleinen Reihenhauses, in den er sich vor seiner Frau Mechthild und seinen mittlerweile erwachsenen Zwillingen David und Dagmar retten konnte. Wie es vielen Vätern passiert, hat das Familienleben nach und nach sein Haus okkupiert und er hat sich wie ein geschlagener Napoleon Zimmer für Zimmer zurückgezogen. Man sagt, dass das Haus eines Mannes seine Festung ist, aber Jürgen wurde bis in den Bergfried zurückgedrängt – in das letzte Aufgebot des belagerten Alpha-Männchens: den Hobbykeller.

Mit 50 haben die meisten Männer ihre größten Leistungen vollbracht: Thomas Mann hatte die *Buddenbrooks* geschrieben, Michelangelo den »David« erschaffen und Jesus hatte Lazarus erweckt. Und genau wie die großen Künstler der Geschichte vollendet der Familienvater, wenn er auf die 50 zugeht, sein eigenes Meisterwerk, seinen Hobbykeller. Er war ursprünglich geplant, um ein größeres Unterfangen erst möglich zu machen: die Bergung der Titanic zu planen, einen Roman zu schreiben, ein Bücherregal für die Toilette zusammenschrauben. Aber diese großartigen Vorhaben werden nie in die Tat umgesetzt. Stattdessen arbeitet der Vater in den mittleren Jahren unermüdlich am Hobbykeller selbst, taucht ganze Wochenenden lang unter, um Verbesserungen zu installieren: integrierte Dusche, Fernseher, Computerspielecke und Einbauküche. Das große Projekt, für das der Hobbykeller einst eingerichtet wurde, wird nicht einmal begonnen. So wird der Hobbykeller selbst zum größten Werk des Mannes, zu seinem Taj Mahal, seinem Colosseum, seinem Neuschwanstein. Neben seinen Kindern ist der Hobbykeller das große Vermächtnis eines Vaters in den mittleren Jahren.

Während wir Jürgens Denkmal des gefallenen Alpha-Männchens in die Neuauflage eines Teenagertraums – den eigenen Übungsraum für eine Rockband – verwandeln, wissen wir ganz genau, dass wir bloß vier ältere Herren sind, die ihre zweite Pubertät genießen. Damit passen wir perfekt in eine ganze Generation, die nicht in der Lage ist, die Sehnsüchte ihrer Jugend aufzugeben und sich stattdessen an ihre Teenagerzeit und die jugendliche Verehrung von Popmusik und Mode klammert.

Ein Teenager und ein Mann in den mittleren Jahren, die jeweils ihre erste und ihre zweite Pubertät durchmachen, haben viel gemeinsam. Bei beiden sorgt die hormonelle Umstellung für alarmierende Veränderungen des Körpers, die sie im sozialen Umgang verlegen machen, was wiederum der Grund dafür ist, dass sie zu viel trinken und sich dann ausnehmend schlecht benehmen. Am nächsten Morgen bereuen sie das aufs Tiefste, während sie düster aus dem Fenster starren.

Die Gründung unserer Band wurde vor ein paar Monaten durch einen Konzertbesuch in einem Stadion angeregt. Das Rock'n'Roll-Konzert war immer die Speerspitze der Jugendkultur, die Barrikade, über die die rebellischen Teenager lugten und der Welt den Stinkefinger zeigten. Auf den ersten Blick war es bei diesem Konzert genauso. Der elektrisch verstärkte Sound wurde von einer grellen Lightshow, einer gigantischen Bühne, Feuerwerk und Spezialeffekten ergänzt. Es war schreiend laut, raubeinig – und grauhaarig.

Die Band auf der Bühne war »The Who« – zumindest die beiden übrig gebliebenen Mitglieder von »The Who«, begleitet von einigen jüngeren Musikern, die der Veranstaltung einen etwas frischeren Anstrich gaben, den beiden alternden Rocklegenden aber keinesfalls zu nahe kommen sollten. Das Stadion war ausverkauft. Im Publikum flippten lebensversicherte, kreditbelastete, tennisspielende Besitzer von Automobilen, Einbauküchen und Fondue-Sets aus (na ja, man hüpfte ein wenig mehr auf und ab), als die Band ihren berühmtesten Hit anstimmte: *My Generation*. Das zornige Mantra einer enttäuschten Jugend kulminiert in diesem Song mit seinen unsterblichen Worten:

»Hope I die before I get old!«

Gemeint ist natürlich der idealisierte Tod der Jugend, die orgiastische Klimax eines Lebens auf der Überholspur, ein Killercocktail aus Drogen und Explosionen auf dem »Highway to Hell«. Das ist allerdings nicht der Tod, den man sich in den mittleren Jahren vorstellt. An die Stelle eines tragischen, aber glorreichen Ereignisses tritt etwas sehr viel Alltäglicheres: Eine dunkle Stelle auf dem Röntgenbild, ein dumpfer Schmerz irgendwo in den Eingeweiden, ein Anruf am frühen Morgen: »Es tut mir leid, die Testergebnisse sehen nicht so gut aus …«

Wie ist so eine Rockoper der großen Selbsttäuschung möglich? Wie können Tausende 40- bis 60-Jährige mit labbrigen Bäuchen (die Männer), labbrigen Brüsten (die

Frauen und die meisten Männer), fliehendem Haaransatz, freiliegenden Zahnhälsen, kaputten Rücken und Füßen (kurzzeitig mit Voltaren betäubt) ihre mit ersten Altersflecken getupften Hände in die Luft strecken und mit vollster Überzeugung diese Hymne der Jugend mitsingen?

Die Antwort ist einfach. Sie glauben tatsächlich, dass sie es jetzt sind und für immer sein werden – forever young.

Unsere Regression zu Retro-Teenagern wird noch dadurch verstärkt, dass unsere Popkultur selbst in die mittleren Jahre gekommen ist. Die Gesellschaft als Ganzes ist an der zeitgenössischen Jugend nicht besonders interessiert, sie orientiert sich an einer Jugendkultur, die 30 bis 40 Jahre alt ist – eine Retrospektive dieser Jugend in den mittleren Jahren. Wöchentlich hört man vom Comeback eines Stars um die 50, von Styling-Experten, Mode-Gurus und Schönheits-Chirurgen aufgehübscht, ein mit dem Botox der Mega-Promotion aufgespritztes Image. Und wir, das gleichermaßen alternde Publikum, glauben fest an diesen Traum der jugendlichen Wiedergeburt: Das Retro-Gold-Produkt in den mittleren Jahren wird der Zielgruppe in den mittleren Jahren als jugendliche Illusion seiner selbst verkauft. Früher schrien mich meine Eltern an, meine Musik leiser zu drehen. Heutzutage stört mich dieselbe Musik im Supermarkt, während ich vor der Kühltheke stehe und Carolin ins Handy brüllend frage, ob sie den »Low Fat«- oder den »No Fat«-Joghurt haben möchte.

Meine eigene Musiksammlung ist ein Mix-Tape meines Lebens, vom Teenager bis zum Vater, von den Beatles und den Rolling Stones über Bob Marley und the Clash bis zu Rolf Zukowski. Irgendwann hörte ich auf, neue Musik zu hören oder zu kaufen und die Musik meiner Jugend läuft als Soundtrack meines Lebens weiter, sie ist immer noch die Musik, mit der ich mich identifiziere. Auch meine Emotionen dazu sind eine Neuauflage dessen, was ich einst gefühlt habe. Mit siebzehn hörte ich *Brown Sugar* von den Rolling Stones auf Vinyl und erfuhr das pure Hochgefühl der Jugend, das mir sagte, dass einfach alles möglich ist. Dreißig Jahre später höre ich denselben Song auf meinem iPod und schwelge in der nostalgischen Erinnerung an dieses Hochgefühl.

Die Mode ist immer der Musik gefolgt, und so heißt es heute folgerichtig:

»Silber ist Trend!«

Das männliche Model, das mürrisch vom Umschlag des Magazins herunterblickt, trägt nichts als eine Unterhose. Er ist braun gebrannt, schlank und muskulös. In seinem Gesicht finden sich jedoch kleine Runzeln und graue Bartstoppeln, sein silbergraues Haar ist sorgfältig über die tiefen Falten in seiner Stirn gekämmt. Er sieht aus wie ein Zwanzigjähriger, der durch ein schreckliches Trauma über Nacht um Jahrzehnte gealtert ist. Frauen und Männer zwischen 40 und 60 stylen sich immer noch nach dem Vorbild ihrer Teenagerzeit und der Moderevolution der Sechziger und Siebziger. Beim *The Who*-Konzert trug die dreifache alleinerziehende Mutter neben uns (die Viktor später ihre Handynummer gab) Hippie-Jeans und ein Batik-T-Shirt. Das einzige Zugeständnis an ihr wahres Alter war ihre Thermounterwäsche.

Natürlich haben wir nicht mehr die zur Jugendmode passende Figur und brauchen vor dem Spiegel zweimal so lang, um doppelt so beschissen auszusehen. Das ist für uns in den mittleren Jahren, die unsere Wertschätzung ganz daraus ziehen, wie gut wir uns unsere Jugendlichkeit erhalten haben, besonders hart. Die Gesellschaft schätzt die Qualitäten älterer Menschen – wie zum Beispiel dauernd den Schlüssel zu verlieren oder die Namen der eigenen Kinder vergessen – einfach nicht mehr. Also müssen wir, wenn wir älter werden, immer härter daran arbeiten, auf ewig jung zu bleiben.

Hinter unserem Jugendwahn liegt die ganz natürliche Mattheit der mittleren Jahre, die sich beispielsweise in unserem politischen Zynismus widerspiegelt. Wir wählen widerwillig, aus einem vagen Pflichtgefühl heraus – immerhin haben Tausende ihr Leben für die Demokratie und unser Recht zu wählen gelassen. Wir verfolgen die globalen Nachrichten im *Spiegel*, und manchmal können wir uns bei Gesprächen über aktuelle Debatten richtig aufregen. Aber wie eine Delegation von UN-Waffenexperten sind wir mit unserer Rolle als Beobachter zufrieden. Carolin zum Beispiel findet die Protestaktionen der Femen-Frauen mit ihrem Graffiti-bekritzelten Busen erfrischend und provokativ, aber mit 45 Jahren macht sie oben ohne einfach nicht mehr mit. Wir möchten nicht mehr die Welt retten, bloß die kleine Ecke, in der wir leben. Während der Regenwald in Südamerika täglich hektarweise abgeholzt wird, besuchten Carolin und ich eine kleine Demo gegen das Fällen der Platanen in unserer Straße.

Die Mattheit der mittleren Jahre ist es auch, die dafür sorgt, dass wir vier uns in Jürgens Hobbykeller zusammensetzen. Unsere gesellschaftliche Erschöpfung ist so groß, dass wir ungesellig werden. Die letzte Party, auf der ich war, war eine Weinprobe. Die Atmosphäre war so ernst wie bei einer Autopsie, die Männer, ihre von Porsche desingten Lesebrillen auf der Nase, kommentierten feierlich die Eigenarten der jeweiligen Weine, während ihre Frauen die Häppchen mit ihren Smartphones fotografierten. Ich verbrachte den Abend damit, die Musik immer lauter zu drehen, in der Hoffnung, dass die Nachbarn die Polizei rufen würden. Im Laufe der Jahre wurde mein gesellschaftliches Leben zur Wiederauflage der sozialen Verpflichtungen, die ich als Kind bei meinen Eltern hatte. Mit 50 kommt wieder derselbe weinerliche Protest von mir: »Aber ich will nicht mitkommen!«

Die Geduld, die man benötigt, um stundenlang an einem Esstisch zu sitzen, während die anderen Gäste über böse Lehrer, Rezepte für Pangasius, ihren Urlaub in der Toskana oder die Ehekrisen von TV-Castingshow-Kandidaten sprechen, ist bei mir wie auch bei Jürgen, Manfred und Viktor seit langem aufgebraucht. Ein Abend in der Woche, der mit Trinken, Herumschreien und dem Versuch, Rock'n'Roll zu spielen, verbracht wird, ist als gesellschaftliche Betätigung für, Männer unseres Alters völlig adäquat.

Das bedeutet natürlich nicht, dass unsere Ehefrauen, Kollegen und Bekannten allesamt erwachsen sind, während wir uns zurückentwickelt haben. Wir wiederholen bloß ein altes Muster. Während die anderen sich mit jugendlicher Energie in ein neues soziales Leben stürzen, spielen wir vier wieder die Rolle, die wir auch als Teenager gespielt haben: Rebellen, die einfach nicht mitmachen. Somit verkehren Carolin und ich mittlerweile in völlig unterschiedlichen Kreisen. Sie genießt einen lebhaften und inspirierenden Freundeskreis und ich treffe mich jeden Freitagabend mit drei Männern in einem Keller.

***

»Verdammt, wir klingen schlimmer als ein Schlagzeug und eine Katze, die man zur selben Zeit die Treppe runterwirft. Machen wir 'ne Pause.«

Begeistert setzen wir uns an den Tisch. Jetzt kommt der Lieblingsabschnitt unserer Bandprobe: trinken und rauchen, während wir unsere gemeinsame Plattensammlung anhören. (Jürgen besteht darauf, dass wir rauchen, um mit der Belüftungsanlage anzugeben, die er selbst eingebaut hat.)

Zwei Stunden später rockt die Bandprobe richtig. Aus den Surround-Boxen tönt *Teenage Kicks* von den Undertones, eine leere Flasche Whiskey, angeknabberte Pizzakrusten und ein Aschenbecher voller Kippen sind auf dem Tisch verteilt. Wir vier stehen herum und schütteln unsere Oberkörper mit fest zugedrückten Augen unkoordiniert herum. Als sich die Undertones in ihr Gitarrensolo stürzen, machen wir alle mit. Wir spielen Luftgitarre. Ich, Manfred, Viktor, sogar Jürgen, und das, obwohl er

Optiker ist. Während unsere Finger über die unsichtbaren Saiten fliegen, sind wir ganz und gar im Jetzt. Wir sind Lichtjahre entfernt von Baukrediten, Versicherungspolicen und Elternabenden in der Schule. In diesem Augenblick machen wir unserem Bandnamen alle Ehre. Wir sind *Forever Jungs*.

# Krise, welche Krise?

»Es ist dein fünfzigster Geburtstag! Wie möchtest du feiern?«

Warum können meine Freunde einfach nicht verstehen, dass ich meinen Fünfzigsten gar nicht feiern will? Die Gründe liegen schließlich klar auf der Hand: Meine Karriereziele rücken in noch weitere Ferne als mein Haaransatz, während mein Dispokredit noch schneller anschwillt als mein Bauchumfang. Es gibt einfach nichts zu feiern.

\*\*\*

Seit wann sind wir in den mittleren Jahren? Zu welchem Zeitpunkt waren wir plötzlich nicht mehr so jung, wie wir einmal waren? Heutzutage ist man zwischen 30 und 60 in den mittleren Jahren, schwer zu sagen, wo es anfängt und wo es aufhört. Es ist dieses undefinierte, fade Mittelstück. Dreißig Jahre, ausgedehnt zwischen Teenager und Rentner, zwischen Skateboard und Rollator, zwischen PlayStation und Intensivstation, zwischen Alkopops und Klosterfrau Melissengeist, zwischen Akneattacke und Prostatakollaps. Es ist merkwürdig, dass eine derart bedeutende Lebensphase erst vor kurzem entdeckt wurde.

Als es noch kein Penicillin, gemauerte Häuser oder Gesichts-Lifting gab, gab es auch keine mittleren Jahre. Die Lebenserwartung war sehr viel kürzer und die Leute verwandelten sich über Nacht von Kindern in ihre eigenen Großeltern. Man hatte entweder eine kräftige Haarfarbe oder war weiß wie ein Geist. Es gab keine Zwischenperiode mit grauen Spitzen. Man schlief mit allen Zähnen ein und wachte am nächsten Morgen auf, um festzustellen, dass der Mund nur noch ein schwarzes Loch war. Diese abrupte Zahnveränderung wurde nicht durch jahrelanges Bleaching, Kronen und Implantate verwässert. In jenen Tagen tollte, lief und sprang man herum, bis man sich eines Tages in einen Sessel setzte und nicht mehr aufstand. Nicht einmal für einen Pilateskurs.

Man starb auch früher. Die Lebenserwartung eines Mannes lag um 1900 bei 65 Jahren. In diesem Alter lässt man sich heute nicht mehr für den Sarg, sondern für einen neuen Taucheranzug die Maße nehmen.

Genau wie das frühe Aufstehen gehört das Älterwerden in eine vergangene Zeit.

Oft denke ich, dass für mich in dem Moment, als ich meinem gerade geborenen Sohn zum ersten Mal in die Augen sah, die mittleren Jahre begannen. Plötzlich ging es nicht mehr nur um mich, ich war jetzt Nebendarsteller in einem Film, in dem jemand anderes die Hauptrolle spielte. Diese Änderung der Perspektive, bei der der Mittelpunkt der Welt sich aus mir heraus verlagerte, war der Augenblick, in dem mein Leben von Jugend auf mittlere

Jahre umgeschaltet wurde. Als die Hebamme mir das kleine Bündel reichte, verliebte ich mich sofort. Er war perfekt. In meinen Armen hielt ich die wunderschöne Kopie meiner DNS, ein einzelnes Glied in der langen Kette des Lebens, die durch die Generationen verläuft. Ich war ein kleiner Teil von etwas viel Größerem. Midlife-Crisis? Die Angst vor dem Tod? Eines wusste ich in diesem Augenblick genau: Ich würde für immer leben.

Nach dieser anfänglichen Euphorie war der weitere Verlauf meiner mittleren Jahre jedoch von weniger dramatischen und zunehmend deprimierenden Entwicklungen geprägt: Beim Aufstehen von einem Stuhl ruckelte ich immer öfter die Hose mit einer merkwürdigen Krümmung der Beine zurecht. Beim Tragen meines Lieblings-T-Shirts entwickelte ich die Angewohnheit, es mit Daumen und Zeigefinger von meinem Bauch wegzuzupfen. Ich war wie besessen von der Vorstellung, dass alle Polizisten und Lehrer plötzlich jünger waren als ich.

Aber müssen all diese kleinen Anzeichen des Alters wirklich der Grund für eine Midlife-Crisis sein? Was genau ist überhaupt eine Midlife-Crisis? Ein mentaler Zusammenbruch? Eine Depression? Eine hormonelle Verwirrung? Ein psychosomatisches Leiden? Ein sexuelles Problem? Oder ist die Midlife-Crisis bloß eine Fata Morgana der Psyche? Eine Erfindung von Therapeuten?

Auch wenn es Freud war, der die mittleren Jahre als erster mit einer Depression in Verbindung brachte, wurde der Begriff *Midlife-Crisis* vom Psychoanalytiker Elliott Jaques durch seinen hervorragenden und berühmten Essay *Der Tod und die Midlife-Crisis* (1965) geprägt. Kurzgefasst argumentiert Jaques, dass in der Mitte des Lebens durch die plötzliche und äußerst schockierende Einsicht, dass man sterben wird, eine Krise ausgelöst wird. Der Tod ist nicht mehr eine abstrakte Vorstellung, sondern eine sehr reale Tatsache. Eine Tatsache, die jeden Tag ein wenig näher rückt. Die Vorstellung, die wir vom Tod haben, wird immer konkreter, sie reicht von »Glaube ich an ein Leben nach dem Tod?« bis zu »Ich muss noch eine Grabstelle auf dem Friedhof reservieren«.

Mehr als das halbe Leben ist vorbei. In der Midlife-Crisis zu sein ist wie in der Transit Lounge eines Flughafens zu warten und dazu gezwungen zu sein, einen weiterführenden Flug auszusuchen – genau wissend, dass das Flugzeug abstürzen wird, ganz gleich, welches man wählt. Diese Erkenntnis, schlussfolgert Jaques, hat zur Folge, dass die kleinen Duty-Free-Geschenke und die Wahl zwischen Hühnchen oder Fisch einen nur noch deprimieren können.

Die Midlife-Crisis erinnert mich an den zweiwöchigen Sommerurlaub, den Carolin und ich gemeinsam mit Freunden auf Mallorca verbracht haben. An den ersten beiden Tagen haben wir uns alle wunderbar verstanden, wir badeten uns in dem Wissen, dass der ganze Urlaub noch vor uns lag. Wir alle waren entspannt und trafen uns zu spontanen Spielen am Pool oder beschlossen, Ausflüge zu unternehmen. In der ersten Woche probierten wir sogar an jedem Abend ein neues Restaurant aus. Warum auch nicht? Wir hatten alle Zeit der Welt und würden auch später noch in unser Lieblingsrestaurant gehen können.

Aber nach ungefähr einer Woche kam der Urlaub in die Midlife-Crisis. Während die Ferien sich dem Ende näherten, kamen rund um den Pool Spannungen auf. Jeder wollte plötzlich allein sein, um »sein eigenes Ding zu machen«. Kleine Zankereien brachen aus, wenn jemand einen Ausflug vorschlug. Jeder Tag war wertvoller als der nächste und sollte nicht damit verplempert werden, bloß am Pool abzuhängen (Manfred und ich) oder auf Klippenwanderwegen herumzukraxeln (Sonja und Carolin) oder durch irgendwelche Ruinen zu stapfen (alle außer Jürgen). Am letzten Abend brach ein ausgewachsener Streit darüber aus, in welches Restaurant wir gehen sollten. Und genau wie in dieser Finca voller Touristen geht es im Kopf eines Mannes in der Midlife-Crisis zu – er ist voller verärgerter Stimmen, die sich wegen falscher Entscheidungen und zu teurer Restaurants anbrüllen. Wenn man begreift, dass der Tod naht, wird das ganze Leben infrage gestellt:

»Was habe ich bisher versäumt?«

»Was hat das Leben noch mit mir vor?«

»Sollte ich nicht Imker in Zimbabwe werden?«

*Natürlich* löst die Erkenntnis der eigenen Sterblichkeit eine existentielle Krise aus. Hier ist eine Liste meiner ganz persönlichen Antworten auf die große Frage »Was geschieht mit mir nach meinem Tod?«:

- Mit 5: Ich komme in den Himmel.
- Mit 10: Vielleicht komme ich doch nicht in den Himmel.
- Mit 15: Ich werde als kalifornisches Supermodel wiedergeboren.

- Mit 30: Ich werde in ein mystisches, vorevolutionäres Entwicklungsstadium zurückkehren, irgendetwas zwischen einer gasförmigen Astralsubstanz und einer Formel von Stephen Hawkins.
- Mit 40: Ich erreiche die genetische Unsterblichkeit, denn mein Sohn ist genau so legasthenisch wie ich und ist genau so schlecht im Tischtennis.
- Mit 50: Ääääh …

Auf der anderen Seite: Meine erste existentielle Krise hatte ich schon vor den mittleren Jahren. Mit zehn fuhr ich mit Fiona Ferguson auf der Kirmes Autoscooter, als sie mir plötzlich sagte, ich würde sterben und außerdem gäbe es keinen Gott. Ich krachte in die am Rand geparkten Wagen und die Fahrt war vorbei.

Von da an zeigten sich bei mir alle klassischen Symptome einer Midlife-Crisis, allerdings 40 Jahre zu früh. Ich wurde depressiv und verlor an allem das Interesse: Hausaufgaben, Fußballverein, Mamas Klöße. Ich verbrachte Stunden damit, mich im Badezimmer im Spiegel anzustarren. Das ganze Geld, das ich für blinde Waisenkinder gespart hatte, gab ich für ein ferrarirotes Bonanzarad mit verchromter Rückenlehne und bunten Plastikfransen am Lenker aus. Dann fuhr ich das Rad zu Schrott, nachdem ich zu viel Cola getrunken hatte. Ich konnte dieses Verhalten weder meinen Eltern noch meinen Lehrern noch mir selbst erklären. Ich zog alles in Zweifel: Wäre mein Leben besser gewesen, wenn ich auf eine andere Grundschule gegangen wäre? Bei den Pfadfindern mitgemacht hätte? Auch mein Verhältnis zu Mädchen verdüsterte sich. Anstatt Gefühle für Sarah Radley, den Wonneproppen, der in der Klasse neben mir saß, zu entwickeln, fühlte ich mich wahnsinnig zu Fiona Ferguson hingezogen, die meine Krise ja erst ausgelöst hatte – ein nichtsnutziges Mädchen, das Kaugummi kaute und mit Filzstift *Rolling Stones* auf ihre Hand tätowiert hatte. Aber vor allem war ich von der unstillbaren Sehnsucht erfüllt, mein sicheres, langweiliges Zuhause zu verlassen und ein neues, aufregendes Leben in Legoland zu beginnen.

Die Midlife-Crisis ist aber keine 08/15-Existenzkrise. Sie ist dafür berüchtigt, dass sie eben nicht nur von der Erkenntnis der eigenen Sterblichkeit in Gang gebracht wird. Aber was genau löst sie aus? Schnelle Antwort: alles. Völlig widersprüchliche Forschungsergebnisse beweisen, dass sie durch Begeisterung bei der Arbeit oder Langeweile im Job ausgelöst wird. Durch zu viele soziale Kontakte im Leben – Ehefrau, Ehemann, Kinder, Freunde, Hund und Facebook-Freundschaftsanfragen – oder zu wenige. Sie wird durch das Heranwachsen der Kinder ausgelöst oder dadurch, dass man keine Kinder hat. Wenn man Kinder hat, ist ein fast sicherer Auslöser der Moment, in dem sie von zu Hause ausziehen. Oder, was noch viel schlimmer ist, ihre Entscheidung, weiter zu Hause zu wohnen. Auch die eigenen alternden Eltern spielen definitiv eine Rolle, allerdings ist sich die Wissenschaft nicht einig, ob es ihre zunehmende Hinfälligkeit oder ihre fröhliche, geriatrische Sportlichkeit ist, die ihre Kinder in den mittleren Jahren so deprimiert.

Um die Verwirrung komplett zu machen, spricht auch noch manches dagegen, dass die Midlife-Crisis überhaupt existiert. Ein Argument ist, dass jedes Stadium unseres Lebens von einer Krise begleitet ist – nicht bloß die mittleren Jahre (Fiona Ferguson!); von der Slapsticknummer, mit der wir im Kreißsaal ankommen, bis zur Gesellschaftskomödie, mit der wir uns auf dem Friedhof verabschieden. Sind Jürgen, Viktor, Manfred und ich, die in einem Keller schlechten Rock 'n' Roll spielen, also ein Beispiel für vier Männer in der Midlife-Crisis, oder für vier Männer, die noch voller Spontaneität und jugendlicher Lebenslust sind?

Ein weiteres Argument gegen die Existenz einer Midlife-Crisis ist, dass sie ein rein kulturelles Phänomen ist. Bloß eine weitere luxuriöse Kulturkrankheit des modernen westlichen Lebensstils, genau wie Kaviarallergien oder Shoppingsucht. Wie viele nordkoreanische Flüchtlinge in den mittleren Jahren, die sich während einer verzweifelten Reise in die Freiheit in einem Schiffscontainer verstecken, fragen sich: »Brauche ich vielleicht mehr Zeit für mich?« Genauso wenig Buschmänner wird man in der Kalahariwüste finden, die sich, während sie nach Wurzeln graben, um an ein wenig Wasser zu kommen, selbst quälen: »Alles, was ich tue, erscheint mir so sinnlos ...«

Natürlich ist es leicht, die Existenz der Midlife-Crisis infrage zu stellen, da kein konkreter Beweis für ihr Vorhandensein erbracht werden kann. Kein Arzt kann einem ein Röntgenbild zeigen: »Sehen Sie mal, da ist sie! Diese dunkle Stelle im hinteren Hirnbereich: das ist Ihre Midlife-Crisis. Aber sie ist ganz harmlos, solange sie nicht bösartig wird. Um das zu verhindern, träumen Sie nicht einmal davon, die Formel 1 zu gewinnen oder Rockstar zu werden.«

Und so kommt es, dass trotz jahrelanger psychoanalytischer Studien und empirischer Testreihen, die beweisen sollen, dass die Midlife-Crisis ein altersbedingter, tief mit der Psyche verwobener Konflikt ist, genau wie der Ödipus-Komplex oder der erste Autokauf, dass trotz dieses wissenschaftlichen Eifers viele Leute nicht an sie glauben. So ist es kein Wunder, dass ein schwaches Selbstbewusstsein eines der Symptome einer Krise ist, die selbst ständig angezweifelt wird.

Wir vier in Jürgens Keller sind auf jeden Fall in einer Midlife-Crisis. Wir spielen sogar den Soundtrack dazu, natürlich weder im richtigen Takt noch in der richtigen Tonlage. Nirvana hatte den Hit »Smells like Teen Spirit«. Tja, wir stinken nach mittleren Jahren.

Ich sage »wir vier«, aber Jürgen denkt, dass Viktor mit 43 noch nicht alt genug für die Midlife-Crisis ist. Jürgen glaubt, dass diese Krise erst mit 50 beginnt. Das verstehe ich. Nichts gibt mir gnadenloser das Gefühl, alt zu sein, als der Anblick von Männern Anfang vierzig, die mit ihrem glänzenden Haar und ihrer sauberen Rasur aussehen wie Darsteller in einer Werbung für Orangensaft. Mit meinen 54 sehe ich morgens aus wie eine Vogelscheuche in einer Informationssendung des Gesundheitsministeriums über Erektionsstörungen.

Rein rechnerisch in den mittleren Jahren zu sein qualifiziert also nicht automatisch für die Midlife-Crisis. Zugegeben: Mit 45 muss sich der Mann bereits von der Party seiner Jugend verabschieden. Er schleicht sich aus der überfüllten, verrauchten Bar, in der jeder trinkt und über die lärmende Musik brüllt. Seine Traurigkeit wird durch das Wissen kompensiert, dass er »nach Hause« geht, zu seiner Frau und seinem kleinen Kind.

Aber zehn Jahre später, mit 55, steht derselbe Mann wieder draußen vor der Bar. Es ist vier Uhr morgens, er ist betrunken und möchte auf die Party. Er streitet mit dem Türsteher herum, der behauptet, dass er für diesen Club jetzt zu alt ist. In einem Anfall betrunkener Empörung lässt er eine Faust fliegen. Schon liegt er mit zerschrammtem Gesicht auf dem Boden. Während er das Bewusstsein verliert, schaut er noch einmal hoch und sieht seinen Sohn, jetzt im Teenageralter, und dessen Freunde, die über ihn hinwegsteigen und in die Bar gehen. Das ist er, der Mann in der Midlife-Crisis.

\*\*\*

»Wow, ein Gutschein für ein Wellness Center. Danke …«

Ich verrate Jürgen und Mechthild nicht, dass ich noch drei Wellness-Gutscheine von meinem letzten Geburtstag habe. In den mittleren Jahren weiß keiner mehr, was er sich eigentlich wünscht, also schenkt man sich gegenseitig Gutscheine. Ich habe Gutscheine für Buchläden, Zugfahrten und Musik-Downloads. In meinem Alter und mit meinen Prostata-Problemen wären die einzigen Gutscheine, die ich wirklich brauchen könnte, welche für Sanifair-Toiletten. Aber Sanifair hat keine Gutscheine im Angebot.

# Wenn die Eier nicht mehr springen

»Sie sind ein Mann in den Fünfzigern, reif für das Klimakterium!«

Der Vollmond scheint auf das gotische Schloss. Aus der Ferne erklingt das Heulen eines Wolfs. Im höchsten Turm liege ich auf einem OP-Tisch. Als ein Blitz einschlägt, lacht Dr. Frankenstein, verkörpert von meinem Urologen, wie ein Wahnsinniger und zieht an irgendwelchen Hebeln. Funken fliegen und die Elektroden, die mit der Metallschale auf meinem Kopf verbunden sind, summen.

»Ich werde Ihre Testosteronwerte absenken und Ihre Östrogenwerte erhöhen. Sie werden mein Meisterwerk der Menopause!«

Mein Haar wird grau, mein Körper schwillt an, Brüste wachsen, ich habe schreckliche Rückenschmerzen und mein Penis beginnt zu schrumpfen. Mein Urologe ist euphorisch: »Meine Schöpfung! Ein impotentes Wrack mit Bandscheibenschaden!«

Ich springe vom Tisch, stolpere zu den Zinnen und heule in die Nacht:

»Ich bin kein Monster! Ich bin immer noch ein Mann!«

Ich wachte in der Küche auf, Carolin blickte erschrocken zu mir hoch. Sie sprach mit sanfter Stimme:
»Schatz, bitte, komm von der Spülmaschine runter!«

\*\*\*

Schlafstörungen und Schlafwandeln sind nur zwei Symptome der männlichen Wechseljahre. Ab 40 und bis 50 Jahren tendiert der Mann zum Hypogonadismus. Das bedeutet nicht, dass er plötzlich an einen hinduistischen Flussgott glaubt, sondern dass in den Hoden weniger Testosteron ausgeschüttet wird. Gleichzeitig gelangt mehr Östrogen, das weibliche Geschlechtshormon, in den Körper. Das Resultat davon ist die Verwandlung von Muskelmasse in Fett, vor allem im Brustbereich. Wie schon ein altes chinesisches Sprichwort sagt: »Man muss nicht schwanger sein, um einen kugelrunden Bauch und große Titten zu haben.« Ein weiterer Effekt des fehlenden Testosterons ist, dass die Haut ihre Elastizität verliert, was die Faltenbildung beschleunigt. Die Falten und die Zunahme an Körperfett sorgen dafür, dass die meisten Männer mit 55 aussehen wie ihr eigener Hodensack. Oder eher so, wie ihr Hodensack in jüngeren Jahren einmal aussah, denn aufgrund der hormonellen Veränderung dehnt sich auch der Hodensack aus.

Zu den Symptomen der Andropause gehören außerdem Sehstörungen, Körpergeruch, Inkontinenz, Impotenz und Depressionen. In dieser Reihenfolge, wie sich von selbst versteht: Ein Mann, der blind wird, stinkt wie ein Iltis, sich in die Unterhose macht und keinen mehr hochbekommt, darf sich ruhig ein bisschen traurig fühlen.

Während man allmählich die Fähigkeit zur Erektion verliert, verliert man im Gegensatz dazu keine Haare. In der Andropause emigrieren die Haare des Mannes: Vom Kopf in Nase und Ohren, begleitet vom rapiden Wachstum der Augenbrauen. Diese Haare wachsen schnell, starr und unerbittlich wie Efeu, das eine Gartenmauer überrankt. Die neuen Haare lassen sich nur schwer entfernen. Ein Kopf kann in ein paar Minuten rasiert werden, aber das vorsichtige Herausziehen von Nasenhaaren dauert bis zu einer Stunde und ist extrem schmerzhaft. Verschiedene Methoden, diese zähen, unverwüstlichen Haare abzuschneiden, sind mit sehr zweifelhaftem Erfolg eingesetzt worden. Zu meinem einundfünfzigsten Geburtstag schenkte Carolin mir einen Nasenhaartrimmer, einen Rasierapparat in Form eines kleinen Vibrators, den ich in jedes Nasenloch einführte und darin herumdrehte. Doch anstatt die Innenseite meiner Nase glatt zu rasieren, verfing sich das Gerät in einem besonders hartnäckigen, dicken Klumpen Nasenhaar, was den Mechanismus blockierte. Ich schrie vor Schmerz, während der Trimmer an den Haaren aus meiner Nase hing. Danach benutzte ich wieder die Nagelschere – eine Prozedur, die nicht nur schwierig, sondern auch besonders unschmeichelhaft ist: Ich stehe ganz nah vor dem Spiegel, drücke meine Nasenspitze nach oben, um an die Nasenhaare zu kommen, und sehe dabei aus wie ein Schwein, dem die Polypen entfernt werden.

Noch verstörender ist es aber, dass der sinkende Testosteronspiegel eine Abnahme der Hirnaktivität zur Folge hat. Wenigstens löst das keine sofortige Altersdemenz aus, sondern bloß die typische Zerfahrenheit der mittleren Jahre. Mein eigenes Hirn gleicht zum Beispiel immer mehr dem alternden Laptop, auf dem ich gerade schreibe: Meistens funktioniert es gerade gut genug, um mit der Arbeit hinterherzukommen. Aber es arbeitet mit deutlich abnehmender Effizienz. Es gibt immer weniger Platz auf der Festplatte. Versuche, Programm-Updates herunterzuladen, verursachen Störungen und überlasten die Hardware. Und es gibt die Tendenz, sich bei Informationsüberlastung einfach abzuschalten – genau wie einer meiner Blackouts, wenn ich versuche, ein neues Betriebssystem zu installieren.

Hier eine Liste der weniger bekannten Symptome der Andropause, die mir bei den Bandmitgliedern von *Forever Jungs* aufgefallen sind:

1. Von Zimmer zu Zimmer gehen und das Licht und die Heizung ausschalten. Oft, wenn andere Leute noch drin sind. (Jürgen)
2. Jedes Mal »Ach du Scheiße« ächzen, wenn man von einem Stuhl aufsteht. (Manfred)
3. Alte Fußballfotos von sich selbst herumzeigen und dabei kommentieren: »Das war eine Mannschaft!« (Viktor)
4. Einen Raum betreten und sich fragen: »Warum bin ich hier reingegangen?« (ich)
5. Leidenschaftliche Reden über das Unrecht in der Welt halten, egal ob jemand zuhört oder nicht. (wir alle)

Das letzte Symptom ist nicht sehr bekannt, aber es verbreitet sich unter Männern in der Menopause wie eine Epidemie. Ein Mann in den mittleren Jahren braucht kein großes Publikum, eine Person reicht schon aus. Jemand, der so unvorsichtig ist, nach seiner Meinung zu einem bestimmten Thema zu fragen. Der Effekt dieser Frage gleicht der Sprengung eines Staudamms: Eine Springflut unzusammenhängender Themen bricht aus ihm heraus – die Verzinsung internationaler Bankkredite an Entwicklungsländer, der Elfmeter im Spiel Bayern gegen BVB (der kein Elfmeter war), die Festnahme unschuldiger Leute aufgrund von Anti-Terror-Gesetzen, der Strafzettel, der unter der Windschutzscheibe klemmte, als er am Morgen wegen seiner Bandscheiben den Osteopathen besuchte und auf dem Behindertenparkplatz stand, die Profite, die die Banker in der Krise gemacht haben, die Warteschlangen im Supermarkt, die Vergiftung des Orinoko, der Elfmeter im Spiel Hannover gegen Wolfsburg (der definitv ein Elfmeter war), die Änderungen der Unterlagen der neuen Steuererklärung beim Finanzamt, die Ablehnung einer Gymnasialempfehlung für den Sohn von der Montessorigrundschule, die ethnische Säuberung im Südsudan, die Erhöhung der Übernachtungskosten bei der Hundepension …

Langsam wird dem Zuhörer klar, dass diesen Mann nichts stoppen kann. Er versucht, weiterhin aufmerksam zu erscheinen, während seine Augen verzweifelt nach einem Fluchtweg suchen.

Der Mann in den mittleren Jahren spricht über jedes Thema, mit Ausnahme seines eigenen Privatlebens. Sollte ein Zuhörer doch versuchen, den Monolog in intimere Bereiche umzulenken, wird er sofort mit einer neuen, völlig irrelevanten Predigt beginnen – zum Beispiel darüber, dass verschiedene europäische Länder dämlicherweise verschiedene Arten von Steckdosen haben.

Wir halten diese Reden über das Schlechte in der Welt, weil wir unzufrieden sind. Sogar, wenn es scheint, wir hätten keinen Grund, unzufrieden zu sein, sind wir unzufrieden. Sehr unzufrieden. Wir sind unzufrieden mit unserer Berufswahl, mit unserem Zuhause, mit unseren Familien und Freunden, mit der Schule der Kinder und mit ihrem Fußballverein. Wir sind unzufrieden mit unserem Multimedia-Paket (inklusive Handy, Fernseher und Internet), mit unserem Autohändler, und vor allem sind wir unzufrieden mit uns selbst.

Doch alle diese Symptome sind nur Randerscheinungen angesichts des zentralen Ereignisses für Männer und Frauen in den Wechseljahren: Die Eier springen nicht mehr.

Der fundamentale Unterschied zwischen der weiblichen und der männlichen Menopause ist natürlich, dass Männer bis zum Ende ihres Lebens Kinder zeugen können und Frauen nicht. Ein Mann bleibt fruchtbar, selbst wenn seine Spermien unter dem Mikroskop aussehen wie ein paar ausgezehrte Überlebende, die von einem Schiffswrack wegschwimmen. In den vergangenen Jahren, sogar als Carolin noch fruchtbar war, haben wir uns deshalb keine Mühe mit Verhütung gemacht. Meine Spermien schienen ungefähr dieselbe Wahrscheinlichkeit zu haben, ein Ei zu befruchten, wie ein einarmiger, betrunkener Bogenschütze, der mit gekochten Spaghettis versucht die Zielscheibe zu treffen. Wenn man jedoch vor dem Badezimmerspiegel mürrisch auf seine verschrumpelten Genitalien blickt, bedeutet das nicht, dass man im biologischen Sinne obsolet ist.

Interessanterweise ist der Beginn der Fruchtbarkeit bei den beiden Geschlechtern in der ersten Pubertät genau so unterschiedlich wie deren Verlust in der zweiten Pubertät. Mit der ersten Menstruation ist jedem Mädchen klar, dass es zur Frau geworden ist. Mit der ersten Ejakulation kann sich ein Junge nicht so sicher sein – normalerweise erhält das Ejakulat dann noch keine Spermien. Demnach ist der Pubertierende mit 14 genau so unsicher, ob er fruchtbar ist, wie der Pubertierende mit 50. Das ist der Grund, warum Teenager und Männer in den mittleren Jahren so besessen vom Alkoholgehalt in unterschiedlichen Bieren, Weinen und Schnäpsen sind.

In den meisten ursprünglichen Kulturen ist die erste Menstruation Grund für öffentliche Anerkennung und Feiern. Es gibt jedoch keine Kultur auf der ganzen Welt, in der ein Vater sich vor das ganze Dorf stellen und stolz verkünden würde, dass die Masturbationsversuche seines Sohnes endlich Resultate gezeigt hätten. Wen wundert es da, dass Teenager und Männer in den mittleren Jahren dazu neigen, Geheimnisse zu haben? Dass männliche Stripper ein Publikum von jauchzenden, kreischenden Frauen haben, während Männer Stripperinnen in elender, mit Schuldgefühlen überladener Isolation betrachten?

Dieser einfache biologische Unterschied erklärt viel über das Verhalten von Männern in den mittleren Jahren – warum manche Männer sich nicht binden können und im Glauben an ein Shangri-La der ewigen Potenz nach immer jüngeren Partnern Ausschau halten. Und warum andere Männer in dem Alter, in dem sie eigentlich Altenheimverzeichnisse durchblättern sollten, eine zweite Familie gründen.

Und es erklärt, warum eine Frau beim Erreichen der Menopause und mit ihrer Unfruchtbarkeit das Vertrauen in ihren Mann verliert. Seine andauernde Fruchtbarkeit ist wie eine primitive Veranlagung tief in seinem Innern, die auch die zivilisierteste Ehe nicht zähmen kann. Er mag nach seinen 25 Ehejahren harmlos aussehen, wie er da mit offenem Mund schnarchend auf dem Sofa liegt, sein Bauch auf einer Seite herunterhängend, die Hand fest um die TV-Fernbedienung geklammert, aber unter dieser Oberfläche lauert der biologische Impuls, von diesem Sofa aufzuspringen und akrobatischen Sex mit dem ersten jungen, fruchtbaren Weibchen zu haben, das ihm über den Weg läuft. Unser Urahn, der wusste, dass seine Chancen, sich fortzupflanzen, minimal waren, zog sich in den Schatten seiner Höhle zurück. Aber er gab nicht ganz auf. Während die jungen Kerle damit abgelenkt waren, sich gegenseitig zu übertrumpfen, wisperte er einem jungen, fruchtbaren Weibchen ins Ohr:

»Psst, Süße, schon mal Ferrari gefahren?«

Und genau so ist es noch heute. Der alte Stürmer kann nur noch 15 Minuten pro Spiel eingewechselt werden, aber er kennt alle Tricks und macht jedes Mal ein Tor. Doch ob wir in einer Höhle oder in einem Sportcabrio sitzen, wir werden stets mit demselben Dilemma konfrontiert: Mit 50 sind wir zwar noch für erotische Gefechte ausgerüstet, aber sollten wir uns nicht trotzdem zurückziehen und die Waffe an den Haken hängen? Sie ist ohnehin ein wenig rostig und neigt zu Ladehemmung.

*\*\**

»Die gucken uns auf jeden Fall an!«

Manfred, Jürgen, Viktor und ich haben uns in einen Mietwagen gequetscht und stehen an einer roten Ampel. Vier junge Damen im eigenen Auto stehen neben uns. Staunend bemerken wir, wie sie mit uns flirten, sie lächeln und zeigen auf uns. Wir grinsen verlegen zurück, was die vier Frauen in hysterisches Lachen ausbrechen lässt. Dann fällt mir der Slogan wieder ein, der die ganze Seite des Mietwagens bedeckt:

»Billiger geht's nicht!«

# Frag Mutti und Vati

»Warum darf ich keinen Push-up-BH tragen?«

»Weil du zu jung bist.«

»Das ist nicht fair! Du trägst auch einen!«

»Weil ich alt genug dafür bin.«

»Du meinst wohl *zu alt*!«

Sonja und Zarina veranstalten eine wütende Oper mit zwei kreischenden Sopranstimmen und knallenden Türen. Die Choreographie schwemmt die beiden Protagonistinnen in die Küche, in der Manfred und ich warten – Manfred darauf, seine Tochter zu einer Party zu fahren, und ich, Sonja zu Carolin zu bringen. Während Zarina ihren Vater leidenschaftlich anfleht, verbietet Sonja ihrem Exmann jede Einmischung. Ich winde mich peinlich berührt angesichts dieses Familienstreits und gebe mir dabei alle Mühe, Mutter und Tochter in ihren engen T-Shirts nicht anzustarren. Zarina erinnert in ihrem Push-up an ein kleines Mädchen, das im Schrank ihrer Mutter Verkleiden spielt. Sonjas Push-up lässt sie aussehen, als hätte sie sich Leihbrüste von einer fantastisch gut ausgestatteten Frau besorgt, die zwanzig Jahre jünger ist als sie selbst.

\*\*\*

Manfred und Sonja sind eigentlich ein glücklich geschiedenes Paar. Wie bei vielen getrennten Paaren in den mittleren Jahren gleicht der Verlauf ihrer Beziehung der Karriere eines Popmusik-Duos: Die ersten Jahre sind die glücklichsten. Das Leben ist hart, aber die Liebe und ein gemeinsamer Traum halten die Sache am Laufen. Die Geburt des ersten Kindes ist wie die erste Platte, mit der sie es in die Charts schaffen – die Frucht von allem, für das sie so lange hart gearbeitet haben. Aber Erfolg wird auch immer von neuem Druck begleitet. Es gibt Streitigkeiten im Studio, musikalische Differenzen treten zutage und keine zweite Platte erblickt je das Licht der Welt. Es gibt Gerüchte einer Trennung, die bald bestätigt werden. Einer sucht sich einen neuen Partner, während der andere eine Solokarriere anstrebt. Beide haben mäßigen Erfolg, aber nie auf dem Niveau, das sie als Duo hatten. Also gibt es fast zwangsläufig eine Wiedervereinigung, aber nur als Freunde. Es werden wieder die alten Hits gespielt wie bei dem geschiedenen Paar, das sich seine alten Hochzeitsfotos ansieht, während es über die Schullaufbahn der gemeinsamen Tochter diskutiert.

Carolin und ich haben uns nicht scheiden lassen, auch wenn unser Sohn Benni uns oft darum gebeten hat. Wir sind eine kleine Kernfamilie. Wir fühlen uns wie ein Überbleibsel aus der Vergangenheit, in der die Familienmitglieder sich beim Baden in einer Metallwanne in der Küche abwechselten, bevor sie sich gemeinsam im Schein des Fernsehers sonnten, verwöhnt von *Derrick*, *Dalli Dalli* und dem Testbild. Wenn wir heute von Familie reden, vor allem wenn es um eine Familie geht, in der die Eltern in den mittleren Jahren sind, geht es nicht mehr um das traditionelle Modell: eine Mutter, ein Vater, ein Sohn, eine Tochter und eine Oma auf dem Dachboden. Viele Eltern über 40 erziehen ihre Kinder heute entweder allein oder gemeinsam mit einem riesigen Stamm. Als Manfreds Bruder Bernd mir alle Mitglieder seiner Patchworkfamilie vorstellte, tat er das mit dem Enthusiasmus eines Sozialanthropologen:

»Hi, ich bin Bernd und das ist meine Frau Kerstin. Das hier sind Thomas, Julian, Alexa, Jasmin und Whitney. Thomas, Julian und Alexa sind von mir und Kerstin, aber Jasmin ist von mir und meiner Exfrau Kathrin, und Julian und Alexa sind von Kerstin und ihrem früheren Mann Berni, nicht Bernd, das bin ja ich. Oh, und Whitney ist auch von mir und Kerstin, stimmt doch, Schatz, oder?«

Nach solch einer Vorstellung soll man sich dann merken, wie jeder heißt und wer mit wem wie verwandt ist. Es ist schlimm genug, wenn man die Namen der Kinder verwechselt, aber wenn man sie dann noch den falschen Eltern zuordnet, wird man nicht nur strengstens korrigiert, man fühlt sich auch, als hätte man das Kind absichtlich auf Jahre psychologisch geschädigt. Warum sollten wir uns sonst dafür entschuldigen, dass wir Whitney für die Tochter des Mannes gehalten haben, mit dem wir gerade reden, während Whitney in Wirklichkeit das Ergebnis eines Quickies zwischen dem Exmann seiner jetzigen Frau und der Babysitterin der Kinder seiner ersten Frau ist? Alles wäre viel einfacher, wenn sie alle, Eltern und Kinder, Namensschildchen trügen.

Besonders ärgerlich ist es, wenn ein Paar in den mittleren Jahren so tut, als wäre ihr Kinder-Gemischtwarenladen das neue und moderne Familienmodell, das dem Zeitgeist vollkommen entspricht, während man selbst, mit nur einem Sohn oder einer Tochter vom selben Partner, noch im Mittelalter des Familienlebens verharrt, wo man vor den Mahlzeiten betet und die Kinder ihre Hausaufgaben am Küchentisch machen. Denn im Gegensatz zu dem, was man uns weismachen will, ist eine Patchworkfamilie nichts Neues. Sie ist nur die moderne Version der alten Großfamilie, mit dem einzigen Unterschied, dass es in der Patchworkfamilie keine Omi gibt, die beim Einzug den neuen Parkettboden mit ihrer Gehhilfe verkratzt – das erledigt heutzutage die Freundin des Teenagers deines neuen Partners mit ihren Pfennigabsätzen.

Viele Patchworkfamilien werden gegründet, wenn der Mann in den späten mittleren Jahren ist. Er hat seine erste Familie der Karriere geopfert und möchte die Früchte dieser Karriere nun mit einer zweiten Familie genießen. Jürgen hat einen Kollegen, der, nachdem er eine lukrative Zahnarztpraxis gegründet und betrieben hat, seine Frau und seine erwachsenen Kinder zugunsten einer sehr viel jüngeren Frau mit einer blitzenden Zahnspange verlassen hat. Jürgen konnte beobachten, wie dieser Mann in eine hausgemachte Tragödie schlitterte: von der Trophäenfreundin zur Trophäenfamilie. Als er von der Schwangerschaft seiner neuen Freundin erfuhr, war er außer sich vor Freude. Er ging auf Partys, um seine blendend aussehende, junge, schwangere Stute vorzuzeigen, und genoss das Augenzwinkern und die geflüsterten Kommentare seiner Freunde: »Du alter Hengst!« Der Mann fühlte sich wie 20.

Dann brachten sie das Baby nach Hause. Plötzlich fühlte sich derselbe Mann sehr, sehr alt. Er trug die Babyausstattung herum wie ein überladener, greiser Sherpa, der durch die Vorgebirge der Vaterschaft stolpert. Er war einfach zu betagt für die Strapazen der Vaterschaft, den orthopädischen Alptraum, einen Babysitz im Auto zu befestigen oder ohne Brille Windeln zu wechseln, mit hilflos nach den Klebstreifen an den Seiten der Windel tastenden Fingern. Auch die Sache mit dem Schlafdefizit hatte er vergessen, geschweige denn die goldene Regel der Vaterschaft: Man sollte keine Kinder haben, wenn man zu tattrig ist, sie um vier Uhr morgens im Halbschlaf hochzuheben.

Es gibt eine inoffizielle Grenzline zwischen den Männern in den mittleren Jahren, die geblieben, und denen, die gegangen sind. Erstere teilen eine unausgesprochene Verbundenheit: Sie haben die Kompromisse des Familienlebens geschluckt und durch irgendein angeborenes Pflichtgefühl oder Masochismus alle Enttäuschungen und Bitterkeiten akzeptiert. Das hat sie sämtliche Stürme des Familienlebens überstehen lassen. (Und natürlich das Glück, eine Frau gefunden zu haben, die sie nach Hunderten von kleinen Eskapaden nicht rausgeworfen hat.) Dann gibt es die, die gehen. Oft ist die Trennung gerechtfertigt. Wenn eine Situation unerträglich wird, ist es die einzig vernünftige Lösung. Weder die Entscheidung zu bleiben noch die zu gehen ist an sich falsch. Bei dem Versuch, die eigene Entscheidung zu rechtfertigen, kann man es nicht vermeiden, denjenigen, die sich anders entschieden haben, einen unausgesprochenen Vorwurf zu machen. Ein klassischer Charakterzug des Mannes in den mittleren Jahren.

Letztlich sind in jedem Familienmodell die Jahre von Bobbycar, Pokemon und Playmobil nur eine ferne Erinnerung, sobald die Kinder das Teenageralter erreicht haben. Die 15 rasenden Jahre des Familienlebens, die unsere Lebensmitte geprägt haben, sind fast vorbei. Es kommt uns vor, als hätten wir erst gestern noch Babykotze von unserem Anzug gewischt. Ist mein erster Bandscheibenvorfall, als ich wie Quasimodo beim Hundertmeterlauf hinter dem Fahrrad meines Sohnes herlief, tatsächlich schon acht Jahre her? An wie vielen Morgenden rannten wir der kleinen Gestalt mit dem Schulranzen hinterher und schwenkten die bunte Plastikbox durch die Luft: »Du hast dein Butterbrot vergessen!« Wie viele Tausende von Kilometern saßen wir mit *Benjamin Blümchen* im Auto? Wie viele Nachmittage haben wir damit verbracht, Bambini-Fußballspiele anzuschauen und den alleinerziehenden Müttern am Spielfeldrand zuzuhören, die den Schiedsrichter beschimpften? Wie viele Stunden haben wir *Halligalli*, *Das verrückte Labyrinth*, *Monopoly* und *Uno* gespielt? Habe ich wirklich alle drei Bände des *Herrn der Ringe* laut vorgelesen?

In den späten mittleren Jahren, wenn unsere Kinder fast erwachsen sind, haben wir Zeit, mit nostalgischem Blick aus dem Fenster zu starren. Ich nehme an, dass das die entscheidende Ironie des Familienlebens ist: Die Verurteilung zur jahrelangen Zwangsarbeit *Familie* sorgt für die schönsten Erinnerungen im Leben. Es scheint, dass ein Familienleben etwas ist, das man erst ertragen muss, um dann darüber in Erinnerungen zu schwelgen. Andererseits muss ich nach Bennis Auszug morgens nicht mehr zwei Stunden warten, um endlich duschen zu können.

Wenn ich mein Leben betrachte, stelle ich mir vor, dass Frauen und Männer, die kinderlos bleiben, eine sehr andere Midlife-Crisis zu durchleben haben, in der die Wirklichkeit des drohenden Todes nicht durch den beruhigenden Gedanken, Kinder zu hinterlassen, abgeschwächt wird. Während es natürlich sehr lobenswert ist, eine Spende für ein Waisenhaus in der dritten Welt zu hinterlassen, ist es nicht dasselbe, wie seine eigene DNS weiterzugeben. Obwohl das Familienleben nicht automatisch besser ist als ein Leben ohne Kinder, hört es sich, wenn Carolin und Sonja über Manfreds kinderlose Freundin Melanie reden, an, als wäre Kinderlosigkeit eine schlimme Krankheit. Auch wir Väter, Jürgen, Manfred und ich, betrachten Viktor, wenn wir ehrlich sind, als nicht ganz fertig geformt.

Das ist natürlich nicht ganz fair. Ein Haustier kann beispielsweise ebenso Gesellschaft bieten wie ein Kind. Und Haustiere sind zuverlässiger. Anders als Kinder ziehen Haustiere nicht einfach aus, nachdem man sie jahrelang mit Liebe und Fürsorge überschüttet hat. Ein Labrador bleibt derselbe liebevolle, kumpelhafte, zärtliche Freund, der er von Anfang an war. Ein Labrador verwandelt sich nicht in einen schlechtgelaunten, emotional instabilen Teenager. Ein Labrador ruft nicht um ein Uhr morgens an und verlangt, von der Disko abgeholt zu werden, und ein Labrador bringt keine schrecklichen Freunde mit nach Hause, mit denen er stundenlang den Fernseher blockiert.

Auch bei der Arbeit liegt der Vorteil für Kinderlose auf der Hand. Man muss nicht sowohl die Bedürfnisse der chefigen Kinder zu Hause und des kindischen Chefs bei der Arbeit erfüllen. Ohne die morgendliche Organisationsarbeit mit den Kindern ist man als Erster daheim aus der Tür und der Erste in der Warteschlange vor der Kaffeemaschine im Büro. Es gibt keine Anfragen für Elternzeit oder Urlaub in den Schulferien. Wenn arbeitende Mütter und Väter am Freitagnachmittag um vier ihre Schreibtischlampen ausknipsen und sich aus dem Großraumbüro schleichen, kann man ihnen »Schönes Wochenende mit den Kindern!« hinterherrufen.

Und doch sind es genau diese Bedürfnisse des Familienlebens, die es uns Eltern ermöglichen, viele unserer jugendlichen Sehnsüchte aufzugeben und ein anderes, reiferes Leben zu schätzen. Und das ist eine große Erleichterung. Viktor und Melanie zum Beispiel streben immer noch nach den Sehnsüchten ihrer Jugend – der perfekte Job, die perfekte Wohnung, das perfekte Auto. Wenn sie die 50 überschreiten, wird der Versuch, diese Sehnsüchte zu erfüllen, immer verzweifelter werden. Ich stelle mir vor, wie sie ein unerbittliches Squash-Turnier veranstalten, bei dem sie in einer endlosen Suche nach Selbstoptimierung den Ball gegen die weißen Wände ihrer perfekten Wohnung schmettern.

Ob als Patchwork-, Kern- oder Trophäenfamilie – das

Familienleben spielte sowohl bei der Verstärkung als auch bei der Auflösung der Midlife-Crisis eine große Rolle. Anfangs hat jeder von uns versucht, das Projekt Familie zwischen eine hektisch vorangetriebene Karriere und ein engagiertes gesellschaftliches Leben zu quetschen – anders als unsere Eltern und Großeltern, für die Familienleben etwas war, das ihnen einfach passierte.

Leider war es genau diese Dynamik, die wir auf das Leben unserer Kinder übertrugen, die es uns unmöglich machte, zu den perfekten Eltern zu werden, die wir so gerne gewesen wären. Über Nacht wurden wir zu Kinderbetreuern, die sich ständig gegenseitig mit dem Handy anrufen wie überarbeitete Sekretärinnen, die Termine für große Filmstars koordinieren. Wir planen die Abholzeiten unserer überstimulierten, hyperaktiven Kinder vom Fußball oder Taekwondo, von Ballettstunden, Geigenstunden, Feng-Shui-Stunden. Der Glaube, der hinter diesem Aktionismus steckt, ist der Glaube, dass nur eine aktive Familie eine gut funktionierende, glückliche Familie ist. Doch die Terminplanung wurde so stressig, dass Carolin und ich uns beinahe deswegen getrennt hätten. Ich erinnere mich noch, wie ich mich manchmal auf der Toilette eingeschlossen habe, nur um einen kleinen Augenblick Ruhe zu haben.

Dieser Aktionismus war wohl eine starke Überkompensation für das, was wir Benni nicht bieten konnten: Zeit. Wie jeder Junge brauchte Benni seinen Vater nicht als Fußballtrainer, Schachguru oder persönlichen Fotografen, genau wie Zarina ihre geschiedenen Eltern, Sonja und Manfred, nicht als Tanztrainer oder Hausaufgabenbetreuer benötigte. Kinder wollen nur, dass Mama und Papa da sind, dass sie Teil des langweiligen Grundgerüsts ihres Lebens sind, ein solides Grundgerüst, gegen das sie von Zeit zu Zeit treten können. Sie brauchen ihre Eltern als stetigen, wenn auch etwas faden Hintergrund zu den verwirrenden und gleichzeitig aufregenden Entwicklungen ihres jungen Lebens.

Aber das würde bedeuten, dass wir in den mittleren Jahren eine passive Rolle übernehmen müssten. Und wir sind nicht bereit, in Sesseln zu sitzen, zu stricken und die Zeitung zu lesen, wie es unsere Eltern getan haben – Elternschaft als bloßes Tapetenmuster im Wohnzimmer des Familienlebens. Schließlich ist eine der Bedingungen für ewige Jugend sowohl beruflich als auch gesellschaftlich dynamisch zu bleiben, und das schließt das Familienleben mit ein. Wir benutzen unser Familienleben als weiteren Nachweis unserer eigenen Vitalität, die Freizeitaktivitäten und pädagogischen Programme, die wir unseren Kindern aufbürden, untermauern unsere eigene jugendliche Lebensfreude. Eines Tages werden die Leistungen unserer Kinder noch größere Trophäen sein als unsere gestraffte Haut oder gebleichten Zähne.

Aber während sich unsere Kinder von vollkommenen Babys in unvollkommene Jugendliche verwandelt haben, müssen wir zugeben, dass unser *Projekt Familie* einer aufgegebenen Baustelle gleicht. Das ist unvermeidlich. Wenn man schon perfekt startet, wo soll man da hinkommen? Unsere Kinder, die so sorgsam gehütet und erzogen wurden, haben Schwierigkeiten, irgendeinen Abschluss zu machen. Nach all diesen Klavierstunden, Ausflügen zu geschichtsträchtigen Orten, den Bergen an Ausrüstung für längst aufgegebene Hobbys, müssen wir unsere Niederlage eingestehen. Nachdem wir die Alufolie mit Haschisch im Kinderzimmer und die »Pille danach« im Badezimmer gefunden haben (die Heimlichkeit, nicht das Vorhandensein verletzt uns), nach den Terminen mit dem Familientherapeuten, der immer den Eindruck vermittelt, dass alles die Schuld von uns Eltern ist, hören wir endlich auf zu versuchen, die Alpha-Familie zu erschaffen.

Das überschneidet sich mit der Erkenntnis, dass unsere eigenen Eltern eigentlich gar nicht so schlecht waren. Wir sind uns sogar ziemlich sicher, dass wir es nicht besser gemacht haben. Letztlich sind es die Mattigkeit unserer späten mittleren Jahre und das Eingestehen der Unvollkommenheit unserer selbst und unserer Kinder, die uns endlich zu besseren Eltern gemacht hat – und schon fühlen wir uns ein wenig besser.

***

»Meine Freunde, ein Prosit!«

Jürgen steht auf wackeligen Beinen, ein Glas Jack Daniels in der erhobenen Hand, und er strahlt Manfred, Viktor und mich über den Tisch im Hobbykeller glücklich an.

»Auf die Kinder! Seid nett zu ihnen, denn sie werden eines Tages euer Altenheim aussuchen!«

Wir alle prosten ihm zu.

# Vergangenheit
# der Extraklasse

»Junge, du siehst gut aus!«

Ich versuche meinen alten Klassenkameraden Tony zu erkennen und es ist, als wollte man einen berühmten, jungen Filmschauspieler unter einer prosthetischen Latexmaske identifizieren. Irgendwo unter der labbrigen Haut, dem dünnen Haar und den ausgebeulten Wangen kann ich den Teenager Tony wiederfinden, den ich einmal so gut kannte. Mit lächelnden Augen sieht er mich aus seiner Maske der Alterszerstörung an. Aber diese Augen grüßen mich nicht bloß. Sie versuchen, meine Reaktion auf seinen offensichtlichen körperlichen Verfall einzuschätzen. Die wird entweder seine schlimmsten Befürchtungen (wenn er vor einem Spiegel steht) bestätigen oder seine eher optimistischen Momente (wenn er nicht vor einem Spiegel steht) unterstützen. Ich meistere die Situation sehr diplomatisch und wähle die Floskel aus, mit der sich alle Männer in den mittleren Jahren begrüßen, wenn sie einander lange nicht gesehen haben:

»Du hast dich überhaupt nicht verändert!«

Er lächelt und macht mir dasselbe Kompliment. Das bestätigt wiederum meinen schlimmsten Verdacht: Auch ich sehe aus wie eine geschmolzene Wachsfigur meiner Jugend.

*\*\**

Die alte Sporthalle ist beim Jahrgangstreffen rappelvoll. Man quetscht sich durch die Menge, um jemanden wiederzufinden, den man vor 30 Jahren einmal kannte, aber ohne Namensschildchen ist das eine Mission Impossible. Man lächelt einander aufmunternd an, bis man merkt, dass man keine Ahnung hat, wen man da angrinst und deshalb sofort damit aufhört und sich nach jemand anderem umschaut. Irgendwann denkt man, dass man jemanden erkannt hat, man fragt nach Arbeit und Familie, nur um dann festzustellen, dass einem auch diese Person völlig fremd ist.

Die Unbeholfenheit wird verstärkt durch hormonelle Veränderungen und dadurch, dass unser Gedächtnis schneller zerkrümelt als eine Sandburg, wenn die Flut kommt. So wird das Stufentreffen des Jahrgangs 1982 zu einer Konferenz von Amnesie International: Grüppchen von Leuten stehen herum und nachdem man einander vage erkannt hat, versucht man für den Rest der Unterhaltung, sich an den Namen desjenigen zu erinnern, mit dem man gerade redet. Was die Sache noch schlimmer macht: Wenn mir jemand seinen Namen nennt, vergesse ich ihn sofort wieder. Ich leide also unter Amnesie und Déjà-vu gleichzeitig: Ich kenne den Namen nicht und habe das seltsame Gefühl, ihn schon einmal vergessen zu haben.

Beim Jahrgangstreffen sind es die Frauen, die aufgeregt herumgehen, einander etwas zurufen und in lautes Gelächter ausbrechen, während die älteren Herren einzeln umhertappen und einander unsicher zunicken. Alle Frauen sehen sehr *fit* und die meisten Männer völlig *fucked* aus. Wenn diese Leute Gebäude wären, wären die Frauen hübsch restaurierte Altstadtbauten und die Männer heruntergekommene Häuser an der Ausfallstraße, in denen wahrscheinlich niemand mehr wohnt.

Gibt es irgendeine Gemeinschaft, die so warm und lebhaft ist wie eine Gruppe von Frauen in den mittleren Jahren? Sie strahlen einen kollektiven positiven Charme aus. Diese geschwätzige Heiterkeit ist nicht nur oberflächliche Freundlichkeit, sie wurde von den Mühen des Lebens selbst geschmiedet – beispielsweise Geburten und Gehaltsverhandlungen mit der Putzfrau. Sie funkeln, sie verströmen Geist. Ich werfe meinen Blick zu Pamela Hastings herüber, die immer die Klassenschönheit war. Zweifellos hat ihr täglicher Besuch im Fitnessstudio, wo sie neben noch jüngeren Sekretärinnen trainiert, sie mit der bitteren Wahrheit ihres Alterns konfrontiert, aber bei diesem Klassentreffen sieht sie 20 Jahre jünger aus als alle anderen Frauen im Raum und sie genießt diese Tatsache jeden Augenblick. Sie strahlt, vor allem, als sie bemerkt, dass ihre alte Rivalin Cathy Jones jetzt statt süßer Grübchen runzlige Dellen hat. Könnte man Schadenfreude abfüllen, stünde Pamela Hastings jetzt auf dem Siegertreppchen und reckte eine Magnumflasche davon in die Luft.

Dasselbe kann von den Männern aus meiner alten Klasse nicht gesagt werden. Es ist unglaublich, wie dramatisch der männliche menschliche Körper verfallen kann, vor allem zwischen 18 und 50. Es ist, als würde sich die Evolution rückwärts bewegen wie ein Schmetterling, der sich über dreißig Jahre hinweg in eine Made verwandelt. Deshalb begeben sich Männer schnell zu dem Kriterium, das am deutlichsten beweisen soll, wie weit man es im Leben gebracht hat: das Gehalt. Auch wenn wir nie direkt nach dem Einkommen des anderen fragen, sind die diplomatischen Erkundigungen über unseren Arbeitsbereich und unsere Aufgabe darin bloß verschleierte Versuche herauszufinden, was man so verdient. Männer in den mittleren Jahren mögen wie Wracks aussehen, aber manche von ihnen können sich mit dem Wissen trösten, dass sie ein kleines Vermögen unter Deck hüten.

Um diese sozialen Spannungen zu bekämpfen, zückt man die Smartphones und macht Fotos voneinander. So wie viele andere Veranstaltungen (ein Restaurantbesuch, eine Geburtstagsparty, die Jahressitzung des Samba-Trommelvereins) wird dieses Jahrgangstreffen schnell zum Foto-Shooting. Durch die Fragen, die aufkommen – Wer wird fotografiert und mit wem? – und die technischen Probleme – Wie schalte ich den Blitz ein und den Retro-Sepiafilter aus? – bleibt jeder beschäftigt und außerdem wird ein Treffen so zu einem *Event*. Um das Treffen zu einem *Event der Extraklasse* zu machen, muss es nur noch auf Facebook gepostet werden – natürlich nicht, wenn es vorbei ist, sondern sofort, als Teil des *Events* selbst.

Man hört auf zu reden und zu lachen und starrt stattdessen mit toten Augen auf sein Smartphone, auf dem man verbissen herumtippt. Doch auch nachdem wir die Fotos auf Twitter, Facebook, LinkedIn und Google Plus gepostet haben, können wir nicht wieder zum eigentlichen Treffen zurückkommen. Dank der Geschwindigkeit des Internets kommen die Antworten auf unsere Postings in Echtzeit hereingeflattert, die wiederum sofort kommentiert werden müssen. Die Stille, die die ursprünglichen Postings begleitet hat, wird nun ab und zu durch Grußbotschaften unterbrochen, die vermittelt werden, während man immer noch auf das Smartphone starrt: »Samantha schickt euch alles Liebe, Leute. Sie sagt, dass es ihr leidtut, dass sie nicht hier sein kann. Oh, guckt mal! Sie hat ein Foto von sich selbst geschickt. Wow, sie sieht toll aus! Wartet, ich schicke euch den Link, dann könnt ihr ihr antworten.«

Sollte es das Ziel eines Jahrgangstreffens sein, Klassenkameraden in den mittleren Jahren mit sich selbst als Teenager zusammenzuführen, dann ist die Angelegenheit jetzt schon ein voller Erfolg: Wir alle stehen herum, ignorieren einander, tippen hektisch auf unseren Smartphones herum und sehen damit genauso aus wie eine Gruppe Teenager.

Im hinteren Teil des Raums sind lange Tapeziertische mit Tischdecken und Blumendekoration aufgebaut worden und an jedem Platz gibt es ein kleines Namenskärtchen. So können wir wenigstens sehen, mit wem wir reden. Wir setzen uns und haben genug Anstand, unsere Smartphones aus- oder wenigstens stummzuschalten und sie vor uns auf den Tisch zu legen, entsprechend der Restaurantetikette von heute: Gabel, Messer, Serviette,

Weinglas, Smartphone. Das bedeutet natürlich, dass man während der Unterhaltung alle paar Sekunden verstohlene Blicke auf das Gerät wirft, um die Nachrichten nicht zu verpassen, die über den leuchtenden Bildschirm huschen.

Als man beginnt, zwischen Tisch und Buffet hin- und herzupendeln, wird die Sitzordnung vergessen und man setzt sich neben alte Freunde, deren Namen man jetzt dank der Platzkärtchen kennt. Dann werden Diskohits aus den 70ern gespielt. In den nächsten beiden Stunden ahmen wir uns selbst als Teenager nach und tanzen zu den Hits unserer Jugend. Während die Männer ernst und ohne Rhythmus herumhüpfen, tanzen die Frauen in großen Gruppen, wobei sie miteinander jauchzen und lachen. Dem vielen Wein, den wir trinken, sei gedankt, dass das Jahrgangstreffen doch noch zu einem authentischen Wiedersehen wird.

Vielleicht gibt es noch einen tieferen, spirituellen Grund, der erklärt, warum wir uns mit Menschen treffen, die wir vor 30 Jahren kannten, und schlechten Wein mit ihnen trinken. Das Internet strotzt vor Seiten, die helfen sollen, Menschen wieder zusammenzubringen: *Altefreunde.de, Erinnerstdudich.de* oder *Endlichwiedervereint.de* – und wir sind die Zielgruppe dieser Nostalgie-Industrie. Im fortgeschrittenen Alter schwelgen wir in der Vergangenheit. Es ist, als ob wir Menschen und Orte im Geiste wieder besuchen möchten, bevor wir sie vergessen. Nostalgie ist der letzte Halt auf der Straße in Richtung Alzheimer. Ein Klassentreffen gehört dazu und wird durch dasselbe Verlangen ausgelöst, das uns durch alte Fotos blättern, alte Schallplatten hören und staubige Familiendokumente aus der hintersten Schublade kramen lässt.

Nur während der Pubertät stellen wir unser Leben derart intensiv infrage wie jetzt. Nicht nur weil Frauen plötzlich dasselbe Nabelpiercing tragen, wie ihre Töchter oder Männer ihr Hemd aus der Hose ziehen wie ihre Söhne, nennt man die mittleren Jahre zweite Pubertät. Ganz genau wie Teenager wissen wir nicht recht, wer wir sind. Wir haben das Gefühl, dass wir unser wahres Selbst irgendwo in der Vergangenheit hinter uns gelassen haben. Was wäre logischer, als auf der Suche danach die Vergangenheit wiederzubeleben? Und welche Gelegenheit würde sich besser eignen als ein Klassentreffen? Während wir Gehälter vergleichen und uns gegenseitig der Botoxbehandlung verdächtigen, zeigen wir uns die Fotos unserer Kinder, beschreiben die Häuser, in denen wir wohnen, und versuchen herauszufinden, wer wir geworden sind.

✳✳✳

»Hast du meine Kontaktdaten?«

Die Musik ist aus, die weiße Neonbeleuchtung geht flackernd an und zerstört die Illusion, dass wir 17 sind und in einer Turnhalle im Jahr 1982 tanzen. Wir sind wieder in den mittleren Jahren und haben lange Reisen nach Hause, zurück zu unseren Jobs und Familien vor uns. Wir haben kaum Zeit, uns die Hände zu schütteln, zu umarmen oder einen Abschiedskuss zu geben, denn wir sind zu beschäftigt damit, Mailadressen und Telefonnummern in unsere Smartphones zu tippen. Adressen und Nummern, die wir wahrscheinlich nie nutzen werden.

»Sarah Cartwright ist wohl doch nicht gekommen, was? Meine Güte, war die hässlich. Und dieses Lachen!«

»Nein, Sarah hat es heute Abend nicht geschafft, sie ist zu Hause und passt auf unsere Kinder auf.«

»Oh, tja, liebste Grüße von mir …«

# Manche mögen's immer noch heiß

»Okay, Jungs, versucht einfach nur den Text zu lesen.«

Jürgen steht im hinteren Teil des Hobbykellers und hält eine Karte hoch. Er hat uns einen Gratis-Sehtest angeboten und wir geben uns alle Mühe, die verschwommenen, immer kleiner werdenden Buchstaben zu lesen.

Ein Leben ohne Sex ist möglich,

aber ein Leben ohne Brille geht gar nicht.

\*\*\*

Während gesteigerte Östrogenwerte bei Männern über 40 den Geschlechtstrieb verringern, haben sinkende Östrogenwerte bei Frauen denselben Effekt. Östrogen ist das Ozon der Sexualität – zu viel davon in der Luft ist genauso schlecht wie zu wenig davon in der Stratosphäre. Die Statistik unterstützt diese wissenschaftliche Erkenntnis und beweist angeblich, dass Männer in den mittleren Jahren weniger Sex haben. Diese Statistik erklärt aber nicht jemanden wie Viktor, der nur dank seiner Kalender-App weiß, mit welcher alleinerziehenden Mutter er in der jeweiligen Nacht schläft. Um nicht alle jene Männer zu erwähnen, die die Familie zugunsten einer Frau verlassen, die jünger ist als ihre Lieblingscowboystiefel.

Es wird weiterhin behauptet, dass eine steigende Anzahl von Männern in den mittleren Jahren an Erektionsstörungen leidet. Aber wie soll man wissen, ob man impotent ist, wenn man gar keinen Sex mehr hat? Das ist, als ob ein Analphabet behauptet, unter Legasthenie zu leiden. Ich kann nur aus persönlicher Sicht bestätigen, dass ich in den mittleren Jahren immer noch gut im Bett bin: Ich bleibe auf meiner Seite, schlafe sofort ein und schnarche nicht.

Aber wie sieht es mit Frauen in ihren besten Jahren aus? Hier behauptet die Statistik, dass die Libido nach Erreichen der Menopause sinkt. Aber die meisten Frauen über 40, die ich kenne, erzählen mir, dass ihnen Sex jetzt viel mehr Freude bereitet als in jüngeren Jahren. Sonja sagt, die Sache fühle sich nicht mehr an wie ein Basketballspiel, bei dem ein unerfahrener, übereifriger Spieler an ihren verschiedenen erogenen Zonen herumfummelt und versucht, den ersten Korb zu werfen. Sex in den mittleren Jahren mag weniger spontan sein, aber das bedeutet nicht, dass es mit weniger Leidenschaft zugeht – die Sache ist einfach nur durch Erfahrung und Sachlichkeit temperiert. Wir reißen einander immer noch die Kleider vom Leib, doch dann legen wir sie ordentlich gefaltet auf einen Stuhl. Das macht es so viel leichter, sie fünf Minuten später wieder anzuziehen.

Die Lage ist verwirrend. Einerseits behauptet die Forschung, dass Paare in den mittleren Jahren weniger

Sex in ihren Beziehungen haben. Auf der anderen Seite behaupten dieselben Männer und Frauen, den besten Sex ihres Lebens zu haben. Sollten beide Behauptungen stimmen, kann das nur bedeuten, dass Sex in den mittleren Jahren im Geheimen stattfindet, wenn die Forscher in weißen Kitteln mit ihren Notizblöcken nicht zugucken.

Alle Statistiken, die ich durchgesehen habe, übersehen eine sehr wichtige Unterscheidung. Obwohl beide Ereignisse oft zusammenfallen, ist es nicht das Erreichen der mittleren Jahre, das die sexuelle Aktivität vermindert, sondern der Beginn des Familienlebens. Wenn das Baby erst einmal zu Hause angekommen ist, beginnt für das Paar auf sexueller Ebene eine beinahe calvinistische, puritanische Phase, die gut und gerne ein Jahrzehnt andauern kann. In meiner dunkelsten Stunde, als ich das Baby 20 Kilometer durch die Wohnung getragen hatte, kam ich zu der Erkenntnis, dass die romantische Liebe ein Trick der Natur ist, um eine Samenbank und eine Gebärmaschine zusammenzubringen. Wenn das Baby einmal da ist, hat die romantische Liebe ausgedient. Die Natur braucht Romeo und Julia nicht mehr, sondern Pflegepersonal. Und in Sachen Liebesleben ist alles, worauf das Pflegepersonal hoffen kann, ein Quickie auf dem Bügelbrett im Flur, während der Fernseher das Kleinkind anschreit:

»Und diese Biene, die ich meine, die heißt Majaaaaaaa!«

Erst wenn Teenager viel Zeit außer Haus verbringen, haben Eltern eine letzte Gelegenheit, ihre sexuelle Intimität wiederzuentdecken. Aus diesem Grund ist ein wohlerzogener Teenager, der zu Hause bleibt und nie ausgeht, etwas, womit man bei anderen Eltern angeben kann – aber das eigene Liebesleben ist ins Knie gefickt.

Aber über welche Art Sex reden wir eigentlich? Als Sigmund Freud ein Nachlassen der Libido zeitgleich mit einer Depression in den mittleren Jahren beschrieb, meinte er das sexuelle Verlangen nach einem liebenden, wohltuenden Objekt, eine Freundin oder Ehefrau. Er sprach nicht von der Lust auf ein destruktives, sadomasochistisches, in schwarzes Leder gekleidetes Objekt, wie zum Beispiel Michelle Pfeiffer in *Catwoman* oder die Mathelehrerin des Sohnes. Diese dunklere Seite des männlichen Begehrens wird vom Alter, dem Hormonspiegel oder den Mondphasen nicht im Geringsten beeinflusst.

Die mittleren Jahre werden auch deshalb als zweite Pubertät bezeichnet, weil viele Männer in ihren Vierzigern oder Fünfzigern den Gelegenheitssex wiederentdecken. Das ist zwar wahr, aber auch absolut irreführend. Gelegenheitssex bedeutet nicht unbedingt, dass man wilde, leidenschaftliche Affären hat, experimentellen Sex mit Fremden, dass man ein erotisches Abenteuer nach dem nächsten genießt. Für die meisten jungen Männer ist ein One-Night-Stand eine gänzlich jämmerliche Erfahrung voller Missverständnisse, blindem Herumfummeln und frühzeitiger Ejakulationen. Diese Erfahrung wiederholt ein Mann bei den sexuellen Eskapaden seiner zweiten Pubertät. Der einzige Unterschied ist, dass er jetzt sehr viel mehr Geld dafür ausgibt.

Die Behauptung, dass die sexuelle Aktivität mit den mittleren Jahren zurückgeht, fußt auf der Annahme, dass vorher mehr Sex stattfand. Die Forschung geht einfach davon aus, dass die Jugend eine einzige römische Orgie war. Ich würde gerne wissen, wer eigentlich in jungen Jahren diesen ganzen phantastischen Sex hatte. Meine eigene Erinnerung an Sex als junger Mann ist die Überwindung eines Hindernisses nach dem nächsten auf dem langen und sehr gewundenen Pfad zu einer wie auch immer gearteten sexuellen Erfüllung. Wenn meine Freundin einmal nicht ihre Periode hatte, führten wir endlose Gespräche darüber, welche Methode der Empfängnisverhütung wir nutzen sollten – die Pille konnte Brustkrebs auslösen, ein Diaphragma und Spermizid-Creme verwandelten Sex in Gynäkologen-Grundkurs und ihren Menstruationszyklus auszurechnen bedeutete, an einer erotischen Lotterie teilzunehmen. Wir verbrachten mehr Zeit damit, uns vor einer möglichen Schwangerschaft zu fürchten, als mit Dingen, die sie tatsächlich hätten auslösen können.

Die Reise unserer früheren sexuellen Erfahrungen ist so lang, dass sie uns durch verschiedene Zeitzonen führt – und in den mittleren Jahren stellen wir unsere erotischen Uhren auf Morgenzeit um. Nach neun Uhr abends wagen wir uns nicht mehr an Aktivitäten, die körperlich so herausfordernd sind wie Geschlechtsverkehr, besonders dann nicht, wenn wir gerade von einem Pilates-Kurs kommen oder von der Arbeit nach Hause geradelt sind. Nach all den Strapazen eines Tages in den mittleren Jahren wollen wir einfach nur in Ruhe gelassen werden, ein paar Folgen unserer Lieblingsserie auf DVD anschauen, ein Kapitel in einem Buch lesen, ein paar Biere trinken, ein wenig im Internet surfen und dann ins

Bett gehen. Um zu schlafen. Selbst wenn wir in einem Restaurant waren, uns eine oder sogar zwei Flaschen Wein geteilt haben, wollen wir nichts allzu Amouröses versuchen. Die Erfahrung hat uns gelehrt, dass akutes Sodbrennen einen Orgasmus erheblich beeinträchtigen kann.

Der Morgen ist generell meine bevorzugte Tageszeit geworden. Wenn ich früh genug aufstehe, verspüre ich wieder ein optimistisches, frisches, *Es ist schön zu leben*-Gefühl, das sich erst bis zum Mittagessen in die lebensmüde Vertrautheit der mittleren Jahre auflöst. Das bedeutet nicht, dass ich bei Sonnenaufgang aus dem Bett hüpfe. Nein, dieser erste Teil des Prozesses ist sogar noch schmerzvoller geworden. Aufzustehen, die Pantoffeln anzuziehen, auf Toilette zu gehen scheint jeden Morgen etwas länger zu dauern. Doch bei meinem zweiten Kaffee, wenn der Teenager das Haus verlassen hat, wenn die Nachbarn zur Arbeit gefahren sind, fühle ich mich überraschend munter. Mir wird klar, dass ich mich tatsächlich ziemlich gut fühle. Ich werfe einen flüchtigen Blick auf Carolin, sie sieht auch mich an und ich bemerke ein bekanntes Funkeln in ihren Augen. Ich weiß, dass sie dasselbe denkt wie ich: Keiner von uns beiden muss heute arbeiten, ausnahmsweise schreit der Haushalt nicht laut nach Erledigung und das Auto muss erst in einer Stunde zum TÜV. Zeit genug. Wir werden wohl kein Kamasutra-Niveau der erotischen Verführung erreichen, aber nach einer Dusche, dem Zähneputzen, ein wenig Deo und dem köstlichen Gefühl, gemeinsam nackt wieder unter die Decke zu schlüpfen, genießen wir die warme Vertrautheit unserer Körper. Genau dann klingelt in der Regel der Paketdienst.

Wenn Sex mit disziplinierter Regelmäßigkeit ausgeübt wird, ist er angeblich gesundheitsförderlich – genau wie kalte Duschen und Nordic Walking. Beim Sex werden Endorphine ausgeschüttet, der Kreislauf wird angeregt, der Herzmuskel trainiert – und in meinem Alter habe ich dazu noch schmerzhafte Krämpfe im linken Bein. Doch wenn man durch pseudowissenschaftliche Websites über Sexualität und Gesundheit blättert, wird einem suggeriert, dass regelmäßiger Sex jung hält. Auf einer Website heißt es sogar: *Dreimal die Woche und Sie sehen zehn Jahre jünger aus!* Offenbar hat sich der Slogan *Macht Liebe, nicht Krieg!* umgewandelt in *Macht Liebe im Krieg gegen das Altern!*. Würde man diese Logik umkehren, würde das bedeuten: Wer weniger Sex hat, stirbt früher. Somit steht jeder von uns vor der Wahl: Beischlaf oder Beisetzung.

Sollte es wirklich stimmen, dass Sex jung hält, dann haben wir heutzutage die Chance, unsterblich zu werden – denn Sex ist überall. Das Internet sorgt dafür, dass es für sexuelle Begegnungen der virtuellen Art keine Grenzen mehr gibt. Man kann bei jeder Art von Sex zuschauen, von Blümchensex mit einer Blondine bis zu Sadomaso-Sex mit einem Staubsauger. Mithilfe von Dating-Websites lässt sich jede Art Partner für Gelegenheits-Sex finden, ob asiatisch, afrikanisch, europäisch, russisch, jung, alt, übergewichtig, magersüchtig, haarig, rasiert, tätowiert oder mit Buckel. Jede Art von Sex lässt sich auswählen: heterosexueller Sex, homosexueller Sex, Gruppensex, dominanter Sex, Voyeursex, Telefonsex,

Waschmaschinensex. Sex lässt sich in jeder Umgebung haben – im Auto, auf der Toilette, auf einem Feld, im freien Fall, beim Tiefseetauchen oder Skilanglauf. Sex wird in jeder Form des Aus- oder Angezogenseins angeboten, von ganz nackt bis zum Dirndl mit einer aufblasbaren Ente unter dem Arm. Und sollten Sie Sexspielzeug und Zubehör brauchen, wie wäre es mit dem neuen Erotikset von Tchibo? Die Möglichkeiten sind unbegrenzt. Es scheint, wir können einfach alles tun, unsere eigenen Pornostars in den Wechseljahren sein, unendlichen Sex genießen, der uns auf ewig jung hält.

Doch wenn wir etwas gelernt haben, dann dass Qualität mehr zählt als Quantität. So ist es eine Sache, jede Menge Sex zu haben; etwas ganz anderes ist es, sich gelegentlich zu lieben. Gibt es überhaupt irgendwelche Statistiken, die die Komplexität des sexuellen Verlangens abbilden und noch wichtiger der entsprechenden Emotionen, die entstehen, wenn man sich mit einem Körper vereint, dessen Altern man auf intimste Weise beobachten konnte? Ein Körper, der das eigene Altern reflektiert und in den man lange Jahre lang all seine Gefühle hineinprojiziert hat? Ein Körper, den man zu verschiedenen Zeiten in der Vergangenheit begehrt hat, bewundert hat, der einem gleichgültig war, auf den man wütend war, der ignoriert und dann wiederentdeckt wurde, für den man wieder Lust empfand, ein Körper, der eine fleischgewordene Landkarte der eigenen Intimgeschichte ist? Dafür gibt es keine Statistiken.

\*\*\*

»Letztes Jahr wurde mehr Geld für Viagra ausgegeben als für die Erforschung von Altersdemenz …«

Jürgen schüttelt missbilligend den Kopf, nachdem er uns das aus einem seiner medizinischen Journale vorgelesen hat.

»… das bedeutet, dass wir einst in einer Welt voller alter Männer mit monströsen Erektionen leben werden.«

»Und was die Sache noch schlimmer macht«, fügt Viktor nachdenklich hinzu, »sie werden vergessen haben, was man mit den Dingern tut.«

# Hinfallen

»Tja, das mache ich dann wohl auch nie wieder«, denke ich, während ich auf den Küchenboden zustürze. Es wird das letzte Mal gewesen sein, dass ich auf Zehenspitzen auf einem Hocker balancierend eine Glühbirne wechsele.

\*\*\*

So, wie im Herbst die Blätter von den Bäumen fallen, fallen auch wir im Herbst unserer Jahre ständig hin. Es sind die Hinfalljahre, die Jahre, die unseren Niedergang von Bäume-ausreißen-Können zum K.o.-auf-der-Matte-Liegen darstellen.

Meine Dinge-die-ich-nie-wieder-tun-werde-Liste wird jedes Jahr länger. Inzwischen stehen darauf unter anderem folgende Punkte: die Treppe herunterrennen, ohne dabei das Geländer zu benutzen, mich aus der Dusche lehnen, um an das Shampoo zu kommen, das ganz oben auf dem Regal über dem Waschbecken steht, sowie eine kleine Spritztour auf dem Skateboard meines Sohnes unternehmen.

Ab vierzig begleitet der Soundtrack von knacksenden

Gelenken, Sehnen und Kniescheiben unser Altern wie das Prasseln von trockenem Holz in einem Herbstfeuer.

Knack! Das war es dann für Manfreds Kreuzband. Das kommt davon, wenn man versucht, die Tochter im Tennis zu besiegen.

Knack! Das hörte sich an wie eine von Jürgens Bandscheiben. Und ich habe ihn noch davor gewarnt, Bierkästen in den Keller zu tragen.

Knack! Viktor hat sich wieder den Nacken verrenkt. Er kann es sich nicht leisten, vor dem Sex mit einer alleinerziehenden Mutter seine Dehnübungen wegzulassen.

Knack! Das war der Meniskus in meinem linken Knie. Hätte ich doch nicht versucht, mit dem Staubsauger in den Innenraum des Autos zu kommen. Es ist die orthopädische Entsprechung davon, sich zwischen die Stuhlbeine unter einen Esstisch zu quetschen, während man einen protestierenden Python unter dem Arm hält.

Männer in den mittleren Jahren fallen ständig hin, weil sie jung genug sind, um eine Menge Dinge anzufangen, für deren Vollendung sie zu alt sind. Wir weigern uns, unser schwindendes körperliches Vermögen zu akzeptieren, wir sind dazu programmiert, uns selbst und andere weiter herauszufordern, wir suchen den Wettbewerb. Wir würden uns nie freiwillig von einer sportlichen Betätigung verabschieden, wir brauchen das Hinfallen oder eine Verletzung, um uns zu stoppen.

Jürgen hat mir vor kurzem gestanden, dass er eines Morgens auf dem Weg zur Arbeit versucht hat, einen jungen Mann auf der Treppe am Ausgang der U-Bahn zu überholen. Er hat sogar die Ellenbogen benutzt, um an ihm vorbeizukommen. Der fremde junge Mann hatte nicht die geringste Ahnung, dass er an einem Wettrennen teilnahm. Jürgen ist auf ein solches Verhalten genetisch festgelegt. Wahrscheinlich war es der männliche Homo Erectus in den mittleren Jahren, der in der afrikanischen Steppe in der Altsteinzeit entschied, dass er mit den jüngeren Männern seiner Gruppe besser mithalten könnte, wenn er sich aus dem Vierfüßlergang auf zwei Beinen erhob. Die Resultate dieser Entscheidung kann man in den Wartezimmern der orthopädischen Praxen der ganzen Welt finden.

Nachdem wir in den frühen Dreißigern den Mount Everest unserer sportlichen Bemühungen erklommen haben, steigen wir langsam in die Vorgebirge unserer mittleren Jahre ab, die von Östrogenseen und Fettgewebewäldern gesäumt werden. Je sportlicher ein Mann war, desto dramatischer fällt dieser Abstieg aus. Wer zwanzig Jahre lang Fußball gespielt hat, Ski gefahren ist und sich an jedem Wochenende mit einem elastischen Band an den Fußgelenken Wasserfälle hinuntergestürzt hat, darf sich nicht wundern, wenn er seinen fünfundvierzigsten Geburtstag damit verbringt, Knorpelschäden in tomographischen Aufnahmen zu betrachten. Wochenenden, die man zeitunglesend und kaffeetrinkend auf dem Sofa verbracht hat, verursachen vergleichsweise weniger Abnutzungserscheinungen. Man wird wahrscheinlich irgendwann einen massiven Herzinfarkt erleiden, aber die Knie werden in Ordnung sein.

Männer in den mittleren Jahren sind hochambitioniert, denn sie müssen es sein. Wir kämpfen einen Kampf, den wir am Ende nur verlieren können: Ab 40 verwandeln sich Muskeln in Fett. Mit jedem Jahr beschleunigt sich dieser Prozess, ganz gleich, ob wir zweimal täglich joggen gehen, die Treppe statt des Aufzugs nehmen oder regelmäßig mit der privaten Fitnesstrainerin schlafen. Trotzdem versuchen wir die athletischen Ambitionen unserer Jugend beizubehalten oder sogar zu überbieten. Aber wenn man versucht, einen alten Milchlaster wie einen Lamborghini zu fahren, sind Unfälle vorprogrammiert.

Gerechterweise muss man sagen, dass auch Frauen in den mittleren Jahren zu exzessiven sportlichen Aktivitäten neigen. Manfred und ich können davon ein Liedchen singen, seit Carolin und Sonja uns überredet hatten, sie zu einem ihrer Zumba-Kurse zu begleiten. Wenn Jogging eine Schwester hätte, hieße sie Aerobics und sollte Aerobics eine jüngere, dreiste und ziemlich leicht erregbare Latino-Nichte haben, so wäre das Zumba.

»Can you feel it? Feel it! Los geht's!«

Frauen zwischen 30 und 50 in allen Formen und Größen stehen in Reihen da und haben eines gemeinsam: Keine von ihnen kann mit der jungen Kursleiterin und ihrem perfekt geformten Körper mithalten. Sie tanzt wie ein Cheerleader und brüllt dabei wie ein kolumbianischer Rapper in ihr Headseat. Wir folgen ihr zögerlich, ohne dass wir eine einzelne Bewegung zu Ende bringen können, bevor wir in die nächste stolpern. Aber wir setzen ein albernes Lächeln auf und juchzen und klatschen in unregelmäßigen Abständen. So ähnelt der Zumba-Kurs einer Kinderdisko unter Aufsicht einer hyperaktiven Betreuerin.

In dieser Hinsicht gleichen sich Männer und Frauen in den mittleren Jahren sehr. Ein Paar in den mittleren Jahren, das gemeinsam joggen geht, ähnelt eher zwei Konkurrenten in einem erbitterten Wettkampf, die versuchen, einander auszustechen oder zu überprüfen, ob sie nicht einen anderen Laufpartner brauchen als zwei Leute, die gemeinsam versuchen, die körperliche und sexuelle Vitalität wieder auf Vordermann zu bringen.

Anstatt einen allgemein gesunden Lebensstil zu pflegen, folgen wir personalisierten Trainingsprogrammen. Und diese werden immer intensiver, immer leistungsorientierter. Selbst Yoga, diese Kunst der Entspannung, ist nicht mehr bloß Yoga, sondern *Power Yoga*. Wir nippen nicht mehr am Wasserglas, sondern nuckeln mit der Verzweiflung durstiger Säuglinge am Plastikventil eines Energy-Drinks. Unsere Tragödie ist die Unfähigkeit, die goldene Mitte zu finden. Während ein Abendspaziergang in der Generation meiner Eltern noch als gesunde und angemessene Betätigung für Frauen und Männer ihres Alters galt, verbringt man heutzutage seine Abende im Fitness-Center. Ist es wirklich gesünder, den Kreislauf stundenlang in einem geschlossenen, nach menschlichen Ausdünstungen stinkenden Raum ohne Tageslicht ans Limit zu bringen, als im Schatten der Bäume einen Hügel zu erklimmen und die stille Abendbrise einzuatmen? Früher gingen junge Eltern mit dem Kinderwagen durch den Park, jetzt joggen sie und schieben dabei einen Baby-Fitness-Buggy vor sich her.

Selbstverständlich sind wir nur deshalb in der Lage, unsere Körper mit Trainingseinheiten zu stählen, die für unser Alter und Gewicht eigentlich zu anspruchsvoll sind, weil wir mittlerweile die Unterstützung von physiotherapeutischen und orthopädischen Teams haben, von der vor wenigen Jahren selbst Profisportler und amerikanische Millionäre nur träumen konnten. Jeder von uns ist ein alternder Spitzensportler, in ständigem Kontakt mit seinem ärztlichen Betreuer, der uns vom Halbmarathon allerdings abrät und seine Trainingsempfehlung darauf beschränkt, wie man ohne hinzufallen in die Dusche und wieder heraus gelangt. So kommt es, dass wir in einer MRT-Röhre liegen, wenn wir nicht gerade auf einem Tennisplatz herumhüpfen.

In Sachen Sport in den mittleren Jahren sind sich die Experten in einer Angelegenheit einig: Wir sollten alle schwimmen. Aber die Aussicht, im Stadtbad Bahn für Bahn zu durchpflügen ist einfach zu öde – zähes Zählen der Fliesen am Beckenboden, nur unterbrochen durch Zusammenstöße mit aquatischen Olympioniken mit getönten Schwimmbrillen, engen Badekappen und Gumminetzhandschuhen.

In letzter Zeit lasse ich jetzt auch Dinge fallen, wenn ich nicht gerade selbst hinfalle. Doch es ist mir gelungen, meine schwindende körperliche Verfassung von einem Nachteil (ständig Dinge fallen lassen) zu einem Vorteil zu machen – indem ich die Dinge wieder aufhebe, dehne ich meine Muskeln: Die Lesebrille unter dem Bett, den Kuli unter dem Schreibtisch, die Autoschlüssel unter dem Fahrersitz.

In den mittleren Jahren kompensieren wir das nicht besonders vorteilhafte Aussehen unserer Körper damit, dass wir sie in die bestmögliche Sportkleidung packen. Das Einkaufen von Sportkleidung ist inzwischen selbst zum Sport geworden. Der Geschäftsmann, der in seinem neuen Trainingsanzug und den neuen Turnschuhen von Karstadt-Sport im Auto nach Hause fährt, fühlt sich schon beim Schalten topfit. Das Symbol von Nike sieht sogar aus wie ein Häkchen, das man in das Kästchen »Mehr Sport!« setzt: Geschafft!

Jürgen ist Weltmeister in Sachen Sportkleidung und Accessoires. Jeden Sonntagnachmittag verwandelt er sich in einen Radrennfahrer. Mit enger Lycra-Pelle, Helm, Sonnenbrille, Radhandschuhen aus Leder, seinen Schmerbauch auf der verchromten Rahmenstange ruhend, tritt er mit seinen langen, haarigen, krampfaderübersäten Beinen in die Pedale eines Rennrads, das so viel gekostet hat wie ein durchschnittliches Familienauto. Wenn er nicht gerade Jogger und Hunde anbrüllt, schlürft er Energy-Drinks aus der Flasche am Lenker. In den Pausen sitzen er und die anderen älteren Herren, die ebenfalls in knallbunte Kondome gehüllt sind, auf der Terrasse eines Cafés und schauen sich die Tour de France im Fernsehen an.

Und wenn wir Sportsfreunde in den mittleren Jahren nicht gerade trainieren oder im Wartezimmer eines Orthopäden sitzen, entspannen wir in einem »Wellness-Paradies«. Nach unseren heldenhaften Kämpfen gegen das Altern lassen wir uns wie Gladiatoren in einem römischen Bad verwöhnen. Wir liegen auf Sonnenliegen, die wir vorher mit einem Handtuch reserviert haben, und warten auf unsere Termine für Massage, Kosmetik und Enthaarung. In der Mitte des Stuhlkreises steht die Quelle der ewigen Jugend, aus der Thermalwasser sprudelt, eine heilige Flüssigkeit, die körperliche, geistliche und erotische Kräfte regeneriert und sogar verjüngt. In dieser Oase der hydrothermalen Umwandlung werden uralte Rituale der Ruhe praktiziert: atmen, schlafen und simsen.

Diesen Körperkult betreiben wir mit heiligem Ernst. Genauso wie in einer Kirche, Moschee oder Synagoge darf auch hier nie laut gelacht werden. Die in die Jahre gekommenen Pilger der ewigen Jugend trotten mit den ernsten Mienen von Gläubigen, die einem religiösen Ritual folgen, vom Fußbad zum Dampfbad zum Whirlpool. Wir betreiben unser Programm der Entspannung und Meditation mit zielstrebiger Hingabe. Wir legen uns auf ein Wasserbett, von Walgesang eingelullt, vom Klostein-Duft der Aromakerzen umwabert, und wollen unseren Geist ganz frei machen, als zwei nackte Männer mittleren Alters in den Raum kommen und sich flüsternd über ihre Lebensversicherungen unterhalten.

Es ist eine verstörende Tatsache, dass, während wir, die ältere Generation, immer mehr Sport treiben, unsere Kinder im Teenageralter immer inaktiver und übergewichtiger werden. Computerspiele, Fast Food und Eltern, die sie als Chauffeur engagiert haben, sorgen dafür, dass Kinder heutzutage nicht mehr herumrennen und Fangen spielen, sondern sich gegenseitig in den virtuellen Welten ihrer Computerspiele auflauern. Während sich Benni, die Spielkonsole in der Hand und hypnotisiert auf den Bildschirm starrend, auf seinem Sitzsack fläzt, renne ich durch die Straßen, meinen iPod an den Arm geschnallt und um die Brust ein Sensorband, das ein Alarmsignal an Bennis Spielkonsole sendet, falls ich einen Herzinfarkt bekomme.

Die Besessenheit von der eigenen Leistungsfähigkeit wird nicht nur von Narzissmus und dem Versuch, wie ein Fotomodell für Leni Riefenstahl auszusehen, ausgelöst, sondern vor allem durch Angst. Unsere Generation lebt nicht mit Behaglichkeit, die die meisten unserer Eltern genießen durften. Unser Arbeitsleben wird nicht automatisch in ein finanziell sorgenfreies Rentnerleben münden. Die meisten von uns werden noch lange nach dem Auszug der Kinder weiterarbeiten müssen, um nicht insolvent zu werden, bevor sie inkontinent werden. Allein die Idee einer Rente mit 65 ist lächerlich. Die Lebenserwartung beträgt über 80 Jahre, wie wollen wir die letzten 20 Jahre unseres Lebens finanzieren?

In diesem Fall hatten Freud und Jaques nicht ganz recht – die Midlife-Crisis wird nicht nur von der Angst vor dem Tod, sondern auch von der Angst vor der Minimalrente ausgelöst. Wir erzittern nicht nur vor der Vorstellung der Auflösung unserer Existenz, wir machen uns außerdem bei dem Gedanken daran, wie wir als Greise in Mülleimern nach Pfandflaschen wühlen, in die Hose.

Carolin und ich wohnen auch in der Lebensmitte noch in einer Mietwohnung und werden wohl nie ein eigenes Haus haben. Wir haben darüber gesprochen, eine geriatrische WG mit Freunden in ähnlicher Lage zu gründen und so unseren Lebensabend mit morgendlichen Wettrennen zum Badezimmer, Namensschildchen auf den

Milchpackungen und bitterbösen Zettelchen an der Kühlschranktür zu verbringen:

»Wer hat meinen Nudelsalat aufgefressen?!«

Sollte das unsere Zukunft sein, fangen wir besser jetzt schon an zu üben. Wir wissen nicht, was uns erwartet, also bereiten wir uns auf jede Herausforderung vor. Natürlich hat das Übungsprogramm nicht immer Sinn. Ich frage Manfred, ob er mit mir joggen möchte, und erfahre, dass sein Personal-Trainer ihm das Laufen bis zum Monatsende verboten hat. Es passt nicht in den Trainingsplan, den er für Manfred ausgearbeitet hat. Also gehen wir in eine Kneipe und betrinken uns. Wieder mal eine im sportlichen Sinne astreine Entscheidung.

\*\*\*

»Die Trikots von Barcelona sind einfach geil.«

Wir sitzen vor dem Flatscreen-Fernseher in Jürgens Hobbykeller und kommentieren das Champions'-League-Finale – wie Ehrengäste im Fernsehstudio, aber ohne Kameras, ohne Werbespots und ohne Ahnung. Barcelona schießt ein Tor und wir alle springen auf.

Knack!

# Zweitbester sein

»Das hier ist kein Hotel!«

»Ich bin 17! Ich komme nach Hause, wann ich will!«

»Pass gut auf, junger Mann. Solange du deine Nike Air Max unter meinen Tisch stellst, ist deine Mutter der Boss. Verstanden?«

\*\*\*

Die ausgewachsenen Männchen und die Jungtiere jeder Spezies kämpfen auf verschiedene Art und Weise um die Position des Alphamännchens. Wenn Vater und Sohn Gnus sind, kreuzen sie die Hörner. Sind sie südamerikanische Baumfrösche, pumpen sie sich zu doppelter Größe auf und färben sich rot. Mein Sohn und ich stehen in der Küche und schleudern uns Beleidigungen entgegen. Es ist keine Überraschung, dass auch andere männliche Primaten in den mittleren Jahren unter Depressionen leiden, wenn sie den Status als Alphamännchen verlieren. Werfe ich auch nur einen Blick auf den Gorilla-Silberrücken im Zoo, weiß ich ganz genau, wie er sich fühlt, wenn er allein und mit nachdenklichem Gesicht dasitzt und auf einem Stock kaut. Er schwingt sich nicht mehr von Ast zu Ast, sondern hängt lethargisch auf seiner Pirelli-Reifenschaukel. Seine geistige Leistung ist auch nicht mehr, was sie einmal war:

»Der grüne Klotz in den gelben Kreis oder der gelbe Ball in das grüne Quadrat? Was ist mit mir los? Vor ein paar Jahren konnte ich das noch mit links.«

Und all das überlagert von einem wachsenden Gefühl von Nutzlosigkeit.

»Noch ein Tag, noch eine Banane, was ist der Sinn der Sache?«

Kurz vor seiner Verwandlung in das neue Alphamännchen unserer Familie war Benni ein magerer, pickelgesichtiger iPod-Zombie. Morgens hockte er mir am Frühstückstisch gegenüber, beugte sich über seine Schüssel, die Kapuze seines Sweatshirts hochgezogen, so dass sie das Gesicht vollständig verdunkelte, die beiden dünnen, weißen iPod-Kabel verschwanden irgendwo in dem dunklen Kapuzenloch. Wie er so dasaß und Schokoflocken und Milch in die Dunkelheit unter der Kapuze löffelte, war mein Sohn ein Abbild der Teenager-Rebellion, halb Jedi-Ritter, halb hoffnungsloser Mönch. Zwischen den Bissen stieß er düstere Rap-Texte hervor – ein depressiver Mönch mit Tourette-Syndrom.

Bennis Verwandlung war dramatisch und glich einem *Vorher-Nachher*-Werbespot für Anabolika. Es fing damit an, dass er sich zum siebzehnten Geburtstag Hanteln wünschte. Mit diesen verschwand er zwei Wochen in seinem Zimmer – hinter der geschlossenen Tür war nur das Dröhnen von Hip-Hop und das metallische Geräusch der Hanteln auf dem Fußboden zu hören. Als er eines

Morgens zum Frühstück wieder auftauchte, war es, als hätte Gandalf Gollum in den unglaublichen Hulk verwandelt. Wie er mit blanker Brust, mit Sixpack und Zahnspange in der Küche auftauchte, hätte die Tonspur eines Naturfilms perfekt dazu gepasst:

»Und nun sehen wir, wie der junge Herausforderer die Küche betritt. Das alte Männchen, im Schlabber-T-Shirt mit dem Logo *Suzi Quatro Live*, begrüßt das Jungtier mit einem Grunzen. Erleben wir nun einen Schlüsselmoment im Leben dieser Familie. Vor dem Kühlschrank schiebt das Jungtier das alte Alphatier beiseite, nimmt eine Flasche Milch und trinkt sie in einem Zug aus. Das Alphamännchen muss warten, bis das Jungtier fertig ist. Erst dann darf der Alte auch in den Kühlschrank schauen. Aber die Natur kennt keine Gnade – es gibt keine Milch mehr. Das alte Männchen muss seinen Kaffee schwarz trinken. Nun hat das Jungtier den Vorteil auf dem Weg zum Badezimmer. Das alte Alphatier ist nicht mehr so schnell, wie es einmal war. Das Jungtier schließt sich eine Stunde im Bad ein. Nun wird das alte Alphatier zu spät zur Arbeit kommen. Seine Überlebenschancen haben sich drastisch reduziert. Ob er es durch den Winter schafft, ist ungewiss ...«

Natürlich habe ich versucht zu kämpfen. Als Bennis neue Freundin Sarah zum Abendessen kam, habe ich die ganze Mahlzeit über unerhört auffällig mit ihr geflirtet – in einem stumpfsinnigen Versuch, meine Position als Familienoberhaupt wiederherzustellen. Dieser alte Affenzirkus reicht bis zu unseren Vorfahren zurück. Ich war das bedrohte Alphamännchen und Sarah das neue Weibchen in unserem Rudel. Die Tatsache, dass wir nicht auf einem Felsen im Großen Afrikanischen Grabenbruch saßen und auf Maniokwurzeln kauten, sondern Lasagne am Esstisch aßen, machte keinen Unterschied. Es war interessant zu sehen, wie Sarah ihre Rolle spielte. Sie flirtete mit mir, um in unserem Rudel akzeptiert zu werden (ich war immerhin noch, zumindest dem Titel nach, das Alphamännchen), indem sie meinen Ausschweifungen aufmerksam zuhörte und mir Komplimente zu meiner Frisur machte – allerdings in der Art und Weise, in der man einem Krebspatienten sagt, dass er gut aussehe. Doch während sie sich mir schöntat, wusste das junge Weibchen genau, wo ihre Zukunft lag – Benni hat einen Körper wie Herkules und ich habe den Muskeltonus einer geschmolzenen Pizza. Meine Frau Carolin spielte den Part der Partnerin des alternden Alphamännchens übrigens hervorragend: Sie fragte mich des Öfteren, wobei sie Sarah zuzwinkerte, ob mein Rücken noch schmerzte und ob ich nicht langsam einmal auf Toilette gehen müsste.

Da ich zu Hause meinen Alphastatus verloren hatte, würde ich ihn anderswo wiederherstellen müssen – gemeinsam mit anderen alternden Alphamännchen in derselben Lage. Manfred, Jürgen und ich entschieden, ganz spontan zu einem – wie wir es nannten – *Buddy Weekend* aufzubrechen. Zwei Tage in der Wildnis, um zu unserem essentiellen Wesen zurückzukehren, zu dem, das den wahren Mann auszeichnet. Studien haben gezeigt, dass der Körper beim Fällen von Bäumen mehr Testosteron produziert als bei jeder anderen Sportart oder körperlichen Betätigung (außer natürlich Säcke voller Grillkohle aus dem Auto schleppen). Wir würden angeln gehen, Feuerholz hacken und auf offenem Feuer grillen. Wir würden in einer einfachen Hütte schlafen, weit weg von den modernen Annehmlichkeiten, die uns schon viel zu lange verweichlicht und, ja, wir waren jetzt mutig genug, es zuzugeben: verweiblicht hatten. Zwei Tage lang würde es keinen Fernsehsessel geben, keine After-Shave-Hautpflegecreme, keinen Seidenbademantel mit aufgesticktem Drachenmotiv. Wir waren es satt, das abgelegte Alphamännchen zu spielen, das impotent auf dem Balkon am Elektrogrill steht und darauf wartet, dass die Ehefrau den gekühlten Halloumi-Käse aus dem Kühlschrank bringt. Jetzt reichte es! Jetzt war es an der Zeit, Fleisch zu schneiden und unter freiem Himmel auf das offene Feuer zu werfen. Und zwar frisches Fleisch!

Verfechter eines paläolithischen Ernährungsplans behaupten, dass wir uns physiologisch nicht mehr verändert haben, seit wir Höhlenbewohner waren, und dass unser Körper deshalb immer noch auf das eingestellt ist, was wir damals gegessen haben: Bärenwaden, Beeren, Maden. Sie behaupten, dass Milchprodukte, Kulturpflanzen und in heiße Schokolade getauchte Marshmallows nicht zu unserem Verdauungsapparat passen und daher für unsere Wohlstandskrankheiten verantwortlich sind: hohen Blutdruck, Krebs, Tinnitus und diesen Schmerz, den man manchmal ohne jeden Grund im Mastdarm verspürt. Die moderne Ernährung sei der Hauptfaktor dafür, dass Männer in den mittleren Jahren so stark abbauen. Die wahre Anziehungskraft der altsteinzeitlichen Ernährung und der Fitnessprogramme für Männer in den mittleren Jahren liegt auf der Hand: Die Männer, die in den Fitnessillustrierten gezeigt werden und die halb so alt sind wie wir, als Vorbild zu nehmen, wäre absurd – das wäre, als würde ein dicker Plastikbecher voller Schweineschmalz hoffen, er könnte aussehen wie eine schlanke Flasche sizilianisches Olivenöl. Aber einen Mann, der bereits 10.000 Jahre alt ist, als Vorbild zu nehmen, lässt uns automatisch jünger fühlen – sogar noch bevor wir ein Biwak errichtet oder ein Kaninchen gehäutet haben.

Doch bevor der Hobby-Steinzeitmensch in das wilde, ungezähmte Hinterland aufbrechen kann, muss er eines tun: shoppen. Wie alle großen Entdecker nahmen wir die Vorbereitung auf die Risiken und Gefahren der Wildnis sehr ernst. Es war unerlässlich, die richtige Ausrüstung zu haben. Ich kaufte eine Plane und ein Seil, um einen Regenschutz zu bauen, Manfred ein Jagdmesser, um Fische und Wild auszunehmen, Viktor einen Kompass und eine topographische Karte und Jürgen ein Anti-Allergiker-Set, für den Fall, dass er von einer Biene gestochen wurde – was tatsächlich geschah, und zwar im Auto auf dem Hinweg in die Wildnis, so dass ich umkehren und uns alle wieder nach Hause bringen musste. Auf dieser Rückreise wurden ich und mein Skoda voller Passagiere auf der Landstraße mit 120 geblitzt.

Da sein Heim und die Wildnis also flachfallen, gibt es nur einen Ort, an dem sich ein Mann in den mittleren Jahren noch wie ein Alphamännchen fühlen kann: am Steuer seines Autos. In Wahrheit *ist* der Mann in den mittleren Jahren sein Auto. Natürlich ist es einfacher, sich als Alphamännchen zu fühlen, wenn man einen Ferrari und keinen gebrauchten Skoda fährt – vor allem dann, wenn der Skoda selbst in der Midlife-Crisis steckt. Genau wie sein Besitzer, kann mein Skoda nicht akzeptieren, dass er älter wird und so fahren wir immer wieder zu schnell, als müssten wir irgendetwas beweisen, vor allem dann, wenn eine Radarkontrolle in der Nähe ist. Mit 50 hatte ich genug Punkte gesammelt, um das gesamte Ferrari-Team in einer ganzen Saison für alle Grand-Prix-Rennen zu sperren. Ein gestrenges Schreiben vom Verkehrsamt bot mir eine Reihe von Fahrschulen an, an denen ich ein *Aufbauseminar* absolvieren konnte.

Die *Happy Driver*-Fahrschule besteht aus nicht mehr als einem Raum mit Neonlicht, abgetretenem Teppich, einer Computerecke, Stapeln von Fahrregelbroschüren und einem großen Schild an der Wand: *Nicht rasen!* Sieben Missetäter saßen grabesstill um den Tisch herum. Wir alle hatten uns der mehrfachen Geschwindigkeitsübertretung schuldig gemacht. Ein Delikt, das, wenn man sich am Tisch so umsah, wohl ausschließlich Männer zwischen 40 und 60 begehen. Der Fahrlehrer fragte uns, ob wir verstünden, warum wir hier waren. Mit anderen Worten: Er wollte Schuldbekenntnisse. Tja, darauf würde er lange warten müssen. Niemand ist weniger willens, einen Fehler einzugestehen, als alternde Alphamännchen, die von Statusverlust bedroht sind. Wir sind Experten darin geworden, den eigenen Anteil an unserem Untergang wegzuerklären. Unsere Karrieren wurden durch die Regierung, die Wirtschaftslage und unseren Scheißchef ins Stocken gebracht. Unsere Kinder werden keine Raumfahrtingenieure oder Showbusiness-Anwälte, weil das

Schulsystem beschissen ist. Nichts davon ist unsere eigene Schuld. Auch in diesem Fall rattern wir eine Liste von mildernden Umständen herunter, anstatt unser unverantwortliches Fahrverhalten zuzugeben. In meinem Fall reagierte der Fahrlehrer auf die Entschuldigung, mein Skoda sei in der Midlife-Crisis, wie ein Lehrer, dem ein Schüler erzählt, er hätte die Hausaufgaben nicht machen können, weil sein Mathebuch zu einer Wurzelbehandlung musste.

In Wahrheit fahren wir zu schnell, weil wir glauben, dass wir immer noch in die Alphakategorie gehören. Wir glauben, dass die Regeln für *uns* nicht gelten. Ein Schild, das 120 Kilometer pro Stunde zeigt, wendet sich an alte Leute, Frauen mit Kindern auf dem Rücksitz, junge, unerfahrene Fahrer, aber nicht an uns – erfahrene Fahrer auf dem Höhepunkt ihres Könnens. Deshalb dröhnen wir mit 200 Kilometern pro Stunde vorbei. Wir zeigen der Welt, dass wir noch ganz obenauf sind, wir ignorieren das Limit genau darum, weil wir über jeder Limitierung stehen, weil wir in absoluter Topform sind. Und es fühlt sich toll an. Wir sind Alphamännchen am Steuer. Oder, mit den Worten von Tom Wolfe gesagt, als er die wesentlichen Eigenschaften für Astronauten im NASA-Raumprogramm beschrieb, wir sind *The Right Stuff*.

Und nun sind wir aufgrund dieser Eigenschaft im Königreich unseres eigenen Autos gestürzt worden – bis in dieses Aufbauseminar, die ultimative Erniedrigung für ein Alphamännchen, das um die *Pole Position* kämpft. Aber wir alle wissen, dass das Eingeständnis der Raserei der einzige Weg ist, um wieder ans Steuer zu gelangen. Und so gestehen wir an den nächsten fünf Abenden zerknirscht unser Aggressionsproblem im Straßenverkehr, unseren mangelnden Respekt für andere Verkehrsteilnehmer, unseren Blutdurst angesichts eines Radfahrers. Am letzten Abend trotten wir aus dem Raum, jeder von uns hält ein unterschriebenes Geständnis in der Hand, und wieder ist ein wenig von unserer Alpha-Aura abgesplittert. Die ganze Raserei, bei der wir uns für einen Augenblick lang in vollem Flug wähnten, hat uns nur bestätigt, dass wir nicht mehr die jungen Flieger sind, die wir einmal waren.

*\*\**

»Jungs, ihr schafft es!«

Wir sind beim *Fun-Run*, es ist grau und regnet. Ich jogge entsetzlich langsam im hinteren Feld einer Gruppe von 5000 Läufern an den dünn besetzten Zuschauerreihen vorbei, von wo aus man uns Mut zuruft. Benni hat sich viel weiter vorne einer Gruppe von jungen Krankenschwestern angeschlossen, für deren Krankenhaus wir Spendengelder sammeln. Ich sehe aus wie ein Betrunkener, der versucht, spät in der Nacht noch nach Hause zu kommen, bevor er auf der Straße umkippt. Endlich biege ich auf die Zielgerade ein und entdecke Benni mit Sarah und Carolin hinter der Ziellinie. Benni hat den *Fun Run* offensichtlich schon vor längerer Zeit beendet und man sieht ihm nicht im Geringsten an, dass er gerade 15 Kilometer gelaufen ist. Ich bin völlig fertig, meine Arme hängen schlaff herunter, aber ich bin stolz. Ich bin vielleicht nicht unter den ersten hundert Läufern oder gar den ersten tausend, wahrscheinlich bin ich sogar unter den letzten fünfzig, aber ich werde ankommen. Ich haben den größten Teil meines Lebens damit verbracht, zu versuchen, der Beste zu sein, aber jetzt weiß ich, wo ich wirklich hingehöre – irgendwo in die Mitte, wo ich mich so gut durchwurstele, wie ich eben kann. Als ich die Ziellinie überquere, falle ich fast über meine eigenen, tauben Beine. Aber bevor ich auf der Straße zusammenbreche, macht Benni einen Schritt nach vorn und fängt mich auf.

»Ich hab dich Papa.«

# Mehr Gewicht aufs Positive

»Was darf's sein, junger Mann?«

Das Kompliment lässt mich strahlen. Ich stehe in der Bäckerei und fühle mich für einen kurzen Augenblick tatsächlich jung. Die Tatsache, dass mir das Kompliment von einer älteren Dame mit blau getöntem Haar gemacht wurde, macht nicht den geringsten Unterschied.

\*\*\*

Wir Männer in den mittleren Jahren sind genauso eitel wie die Frauen in unserem Leben. Auch wir betrachten uns im Spiegel (na ja, werfen einen kurzen Blick in den Spiegel) und murmeln »Spieglein, Spieglein an der Wand …« Ein ängstliches Gesicht erwidert unseren Blick, wenn wir die Antwort des Spiegels hören: »Hoffentlich hast du die Adresse eines guten Restaurators.«

Natürlich ist die fortschreitende Auflösung meines Gesichts nicht das eigentliche Problem, sondern meine Unfähigkeit, die Wahrheit zu akzeptieren. Ich bin fertig. Von jetzt an gibt es nur noch Verfall. Trotzdem suche ich den jungen Mann, der sich hinter dem Wrack meines Alterns verbirgt. Ich bin ein Narzisst, der vom eigenen Verfall fasziniert ist.

Doch dass wir Männer genau so eitel sind wie die Frauen bedeutet nicht, dass wir uns genau so eifrig darum bemühen, unser gutes Aussehen zu behalten. Während Frauen Diäten machen, um wieder so schlank zu sein wie mit 30, ergänzen Männer ihre kalorienreiche, ungesunde Ernährung mit kalorienarmen, gesunden Elementen und hoffen, dass das gute Essen das schlechte irgendwie ausbalancieren wird. Es ist ein Diätplan, der dem Yin- und Yan-Prinzip folgt, wir ergänzen unsere Besuche bei McDonald's mit der Weight-Watchers-Diät.

Wahrheiten sind schwer zu akzeptieren, deshalb wiegen sich Männer in den mittleren Jahren niemals. Wir erfinden Gründe, warum die Ziffern auf der Skala ohnehin keine Bedeutung haben: Wir haben schwere Knochen, schwere Muskeln oder im Café das englische Frühstück gewählt. Also suchen wir uns zuverlässigere, wissenschaftliche Methoden aus, um unser Gewicht zu kontrollieren. Ich untersuche zum Beispiel die Abdrücke, die die Schnalle auf meinem Lieblingsgürtel hinterlässt. So kann ich die Zunahme meines Hüftumfangs in den letzten zehn Jahren klar erkennen. Besonders auffällig ist der Abstand von 3 Zentimetern zwischen den Abdrücken, die meinen 45. und meinen 50. Geburtstag markieren. Es ist, wie wenn man die Jahresringe in einem durchgesägten Baumstamm betrachtet und weit weniger alarmierend ist als die erstaunlich hohen Ziffern auf der Waage, die zwischen meinen immer gelblicher werdenden Zehennägeln zu mir heraufstarren würden.

Viktor ist der einzige Mann, den ich kenne, der einem strengen, kalorienreduzierten Diätplan folgt. Bei einem Restaurantbesuch – wir anderen sitzen drinnen und schlingen uns mit Pizza und Pasta die Bäuche voll – verbringt er die meiste Zeit rauchend draußen auf der Straße und joggt auf der Stelle, um sich warm zu halten, wobei er dem jungen Model neben ihm erklärt, dass er Genussraucher ist. Durch das eingebaute Erfolgserlebnis ist Viktors Diätplan so effektiv: Während wir anderen über die Rechnung streiten, geht Viktor mit dem jungen Model nach Hause.

Gewicht und Figur sind so wichtig für einen Mann in den mittleren Jahren, weil sie seinen Status bestimmen. Pummeligkeit in einem gewissen Alter war einmal das Zeichen für beruflichen und privaten Erfolg und der Beweis, dass man zu leben verstand. Heute ist es genau umgekehrt. Eine glückliche Ehefrau, tolle Kinder und eine erfüllende Karriere bedeuten nichts, wenn man Hüftgold und Schwabbelbrüste hat – man wird dann seines Lebens nicht froh. Anders sieht es aus, wenn man in den mittleren Jahren schlank ist: Auch wenn deine Frau cracksüchtig ist, deine Kinder X-Box-Junkies mit faulenden Zähnen sind, die Arbeitskollegen heimlich einen Virus in dein E-Mail-Postfach schmuggeln – solange dein Körperfettanteil unter 20 Prozent liegt, wird man dich für ein perfektes Beispiel des glücklichen Lebens in den mittleren Jahren halten.

Schlankheit wird mit Jugend assoziiert. Abnehmen wird als eine Art Verjüngungskur angesehen. Mit jedem Kilo, das purzelt, fallen auch die Jahre von einem ab. Es geht nur noch um das Gewicht. Natürlich bekommt man mehr Falten, wenn man im Alter abnimmt. Ein Foto von Iggy Pop um die 50, auf dem sein perfektes Sixpack und sein schlanker Körper den Betrachter von seinem hart geschnittenen, mit Runzeln bedeckten Gesicht ablenken, hängt in Jürgens Hobbykeller. Trotz der ganzen Straßenkarte, die die Wege seines Lebens in sein Gesicht gezeichnet haben, sind wir uns in einem Punkt einig: »Der Junge sieht gut aus …«

Weil aber die wenigsten von uns mit 50 noch ein Sixpack erreichen, verlegen wir unsere Hoffnung auf Feuchtigkeitscremes. Die Produktauswahl ist groß: After-Shave-Gesichtscreme, After-Sport-Gesichtscreme, After-Sex-Gesichtscreme und Cremes für jede Tageszeit: Morgencreme, Nachtcreme, Kaffee-Kuchen-Zeit-Creme. Das Eincremen ist zum wichtigen Bestandteil der männlichen Körperpflege geworden, genauso wichtig wie Rasieren, Zähne putzen und aufs Klo gehen. In den Umkleidekabinen von Sportvereinen auf der ganzen Welt war es früher üblich, dass die Männer herumscherzten und sich gegenseitig mit nassen Handtüchern auf den Hintern hauten. Das ist jetzt vorbei, beim sorgsamen Eincremen der Gesichter ist dafür keine Zeit mehr.

Meiner Erfahrung nach verdeckt eine Creme das Alter leider nicht, sondern gibt ihm bloß einen prächtigen Glanz. Vor der Anwendung ist mein Gesicht die übliche fade Maske aus Lach- und Sorgenfalten. Nach dem Eincremen strahlen meine Falten, die kleinen Hautsäckchen unter meinen Augen und dem Kinn, die gesamte demolierte Architektur meines Gesichts wie eine frisch lackierte archäologische Ruine. Noch komplizierter als das Gewicht und die Hautpflege ist die Sache mit dem Haar. Einst symbolisierte das Haar die Jugend, dementsprechend heißt das berühmteste Jugendmusical der 60er- und 70er-Jahre *Hair*. Nichts verdeutlichte das Altern mehr als der Haarverlust. Unterstützt von kahlköpfigen Rockstars und Fußballern hat die Modeindustrie diesen Trend vollkommen umgekrempelt. In einem orwellesken Geniestreich hat sie Haarverlust zu einem sexy jungen Look erklärt. Die Glatze symbolisiert nicht mehr die verlorene Kraft des Samson, sie ist ein strahlender Tempel der Männlichkeit. Junge Männer mit wunderschönem, kräftigem Haar rasieren sich den Kopf, um auszusehen wie kahlköpfige ältere Herren. Kombiniert mit dem neuen Modetrend Vollbart, ein weiteres archetypisches Merkmal fortgeschrittenen Alters, erweckt es den Anschein, dass die Trendsetter in der heutigen Modewelt ältere islamische Geistliche sind. Der Verlust des Haupthaars käme dem Mann in den mittleren Jahren also entgegen, aber da hört es leider nicht auf: *ganzkörperrasiert* ist das neue Schlagwort auch für den Körperkult im Alter. Die Kombination von Kahlköpfigkeit und Abmagerung drängt die neurotische Jugendbesessenheit älterer Männer noch vor die Zeit der Pubertät. Vom eigenen Aussehen immer aufs Neue schockiert, lese ich Magazine voller Werbung für Naturkosmetik, für homöopathische Mittel gegen Hitzewallungen, Hypnose gegen Altersflecken, Hydrotherapie gegen trockene Haut – und jede Reklame ruft mir hoffnungsfroh entgegen: *Anything is possible! Realize your dreams! You can do anything!*

Diese Slogans haben zwei Gemeinsamkeiten: Erstens sind sie auf Englisch, denn auf Deutsch würden sie einfach dämlich rüberkommen. Und zweitens ist die Botschaft, die in all diesen euphorischen Sprüchen vermittelt (und manchmal auch ausgesprochen) wird: *Sei positiv! Sei positiv!* ist die neue spirituelle Währung, die die Realität jeder Situation ändern kann. Wer positiv genug ist, kann – so wird uns erzählt – jede Sucht besiegen, jede Weltmeisterschaft gewinnen, den Mount Everest im Rollstuhl besteigen und sogar den Krebs besiegen.

Als ich im Krankenhausbett lag und mich mit der Aussicht konfrontiert sah, eine Niere zu verlieren (ein Geburtsfehler, der nach 50 Jahren zu einem kritischen Zustand wurde – ein medizinischer Notfall, der allein durch das Erreichen der mittleren Jahre eingetreten war), erreichten mich etliche Nachrichten von Freunden, die mir rieten, meine positive Energie zu nutzen, um meinem Körper die Möglichkeit zu geben, sich selbst zu heilen. Es handelte sich dabei um intelligente und gebildete Leute. Aber irgendwann haben sie die wissenschaftlichen Grundlagen, die sie schon in der Schule gelernt haben, vergessen und ihr gesunder Menschenverstand ist unter einer Lawine von New-Age-Werbung und Hollywood-Filmen begraben worden. Offensichtlich glauben sie, dass die Ärzte etwas Essentielles übersehen hatten, etwas, das nicht auf den Röntgenbildern sichtbar war, das nicht durch Blut- oder Stuhlproben messbar war, etwas, das in den Gewebeproben fehlte: Eine spirituelle Energie, die sich, wenn ich mich nur darauf konzentrierte oder darüber meditierte, auf magische Weise aktivieren würde. Es war ein sehr willkommener Gegensatz und vor allem eine Erleichterung, als der katholische Krankenhauspriester eines Morgens an mein Bett kam und beim Anblick der vielen Schläuche, an die ich angeschlossen war, nur sagte: »Das ist aber ein Jammer!«

Als ich das Krankenhaus verlassen hatte, empfahlen mir dieselben Freunde, mich in Goa zu erholen – allerdings nicht in Form eines kleinen Urlaubs, sondern als Pilgerfahrt an einen heiligen Ort. Das heutige Goa ist die perfekte Nachbildung des Kaliforniens der 60er, eine Art Venice Beach für das neue Jahrtausend, mit dem Unterschied, dass die Blumenkinder in Goa etwas verwelkt und im Großteil über 40 sind. Das bedeutet, dass es einige erhebliche Unterschiede gibt – beispielsweise werden am Strand keine Massagen zur Erweiterung der Wahrnehmung, sondern zur Linderung des Ischiassyndroms angeboten. Die grundlegende Philosophie ist allerdings immer noch dieselbe: Es geht um ein »natürliches« Leben, mit anderen Worten also um einen immerwährenden Urlaub, in dem Sonnenanbetung und Ayurveda-Anwendungen die positiven Energien entfachen, die mich in das Nirvana der ewigen Jugend bringen würden – und das, obwohl die Wissenschaft klar bewiesen hat, dass nichts die Haut schneller altern lässt als UV-Strahlung.

Es gibt verschiedenste Techniken, um die positiven Energien freizusetzen, sie alle sind exotisch und keine von ihnen wird von der Krankenkasse übernommen. Akupunktur, Meditation, Ayurveda, Reiki, Aromatherapie – sie alle behaupten, dass sie die positive Energie, die in uns schlummert, entfesseln können. *Positiv sein* bedeutet in diesem Kontext nicht nur, resoluten Frohsinn zu bewahren, ganz gleich, wie mies die Perspektiven sind, sondern an eine mystische Kraft zu glauben, eine transformierende Energie, die, wenn sie einmal angezapft und freigesetzt ist, die Wirklichkeit verändern kann. Es ist, als hätte man eine Milliarde Euro in einem Tresor ganz tief in sich selbst vergraben, den man sofort öffnen könnte, wenn man nur das Passwort hätte. Vielleicht ist das richtige Mantra die richtige Kombination, möglicherweise könnte das reinkarnierte Selbst sie einem ins Ohr flüstern. Oder man hört einfach auf, Weizen zu essen?

Es überrascht nicht, dass die Verfechter der magischen Eigenschaften des *Sei positiv!* die lautstärksten Zweifler an der Existenz der Midlife-Crisis sind – und selbst in der Regel mittendrin stecken. Das, was sie als Beweis gegen die Midlife-Crisis sehen – ein trainierter Körper, ein reges Sozialleben, jugendliche Kleidung, eine militant-sonnige Einstellung, eine pulsierende Karriere, ein wohlwollendes Universum –, ist in Wirklichkeit eine ausgeklügelte Verteidigungslinie gegen jeden Gedanken, der die Realität ihres Alterns und ihres nahenden Todes betrifft.

Sie glauben, dass sie den Lauf der Natur mit einer Kombination aus magischem Denken, der richtigen Ernährung, dem passenden Guru und Fitnessprogramm ausbremsen und 20 Jahre jünger sein können, als sie eigentlich sind – oder sich zumindest 20 Jahr jünger *fühlen*, was auf dasselbe herauskommt, wenn man glaubt, dass sich die Wirklichkeit nach dem richtet, was man fühlt. Aber macht es letztlich einen Unterschied, wenn ich mich mit 50 wie 30 fühle? Nicht wirklich. Denn Tatsache ist, dass ich 50 und nicht 30 bin. Und ob man sich 50, 40, 30 oder 12 Jahre alt fühlt – man wird innerhalb des Zeitrahmens sterben, der einem Fünfzigjährigen noch bleibt. Kein *Programm für ewige Jugend* kann das ändern. Vielleicht wäre es besser, dieses einfache Naturgesetz zu akzeptieren, anstatt es bewaffnet mit Anti-Alterungs-Mantras und einem Buch voller Seetangrezepte zu bekämpfen.

Die Erfahrung, die Midlife-Crisis durchzumachen, ist wie sich in jemanden zu verlieben: Es geschieht einfach mit einem. Die einzige Art, die Midlife-Crisis zu verhindern, ist dieselbe, mit der Mann verhindert, sich zu verlieben: absolute und vollständige Liebe nur zu sich selbst. Narzissmus ist die beste Verteidigung.

* * *

»Es ist mein eigener Name, aber auf Sanskrit geschrieben.«

Viktor zeigt uns seine neue Tätowierung. Jürgen ist skeptisch.

»Du hast dir den eigenen Namen auf den Arsch tätowieren lassen?«

»Das ist nicht mein Arsch, das ist meine Hüfte und außerdem ist es besser, als den Rest meines Lebens mit dem tätowierten Namen meiner Ex herumzulaufen.«

»Macht sowieso keinen Unterschied«, sagt Manfred gut gelaunt. »Wenn du älter wirst, sackt dein Arsch in sich zusammen und dein Name wird langsam zu einem unleserlichen, enormen, dunklen Melanom zusammenschrumpeln.«

# Ein dunkler Fleck am Horizont

»Vielleicht ist es Krebs? Kann nicht sein, oder? Es tut nicht weh, aber warum dauert es so lang?«

Ich stehe an einem Pissoir, das Gesicht zur Wand, und starre auf einen Klostein. Je älter ich werde, desto mehr Zeit verbringe ich genau damit: Darauf warten, dass ich endlich pinkeln kann, und mich darüber wundern. Meine Freunde, die ich mitten im Hauptgang am Restauranttisch zurückgelassen habe, werden sich fragen, was mir wohl zugestoßen ist. Es wird immer schlimmer – jedes Mal, wenn wir in dieses Restaurant kommen, verbringe ich mehr Zeit in der Toilette. Bald werde ich den Tisch bei der Bestellung verlassen und gerade rechtzeitig wieder da sein, um die Rechnung zu bezahlen.

\*\*\*

Wie viele Männer in den mittleren Jahren gehe ich nicht zu regelmäßigen ärztlichen Untersuchungen. Ärzte sind für mich wie die Feuerwehr, ich rufe sie erst an, wenn das Haus schon brennt. Angesichts des Mangels an wissenschaftlichen Fakten gründen meine Selbstdiagnosen auf wilden Vermutungen. Habe ich ein drückendes Gefühl im Unterleib, dann tippe ich auf Prostatakrebs, anstatt auf die richtige Diagnose zu kommen: Meine Jeans ist zwei Größen zu klein.

Medizinische Aufklärungskampagnen, die Männer in den mittleren Jahren ermuntern sollen, ihre Prostata, ihr Herz und ihren Blutzuckerspiegel regelmäßig untersuchen zu lassen, appellieren in der Regel an ihre Eitelkeit:

»Wer seinen Partner liebt, schickt ihn zur Darmkrebsvorsorge!«

Unter der Überschrift ist ein Foto abgebildet, das entweder einen Großvater und seine Enkelin am perfekt gedeckten Frühstückstisch zeigt – oder ein Liebespaar, bei dem der Altersunterschied schon strafbar sein könnte.

Ich stelle mir ihre Unterhaltung vor, während sie über den Tisch nach seiner Hand greift:

»Schatz, zu deinem Geburtstag schenke ich dir etwas ganz Besonderes. Ich schicke dich …«

Er unterbricht sie:

»Auf die Bahamas?«

»Nein, zur Darmuntersuchung.«

Der Hauptgrund, warum Männer in der Lebensmitte Arztbesuche meiden, ist, dass so ein Arztbesuch nicht mehr das positive Erlebnis ist, das es einmal war. Als ich kurz nach meinem vierzigsten Geburtstag zu einer ärztlichen Routineuntersuchung ging, hieß mich der Arzt freundlich und herzlich willkommen. Er kam hinter seinem Schreibtisch hervor, schüttelte mir die Hand und sagte mir, ich sähe sehr gut aus. Während er mich untersuchte, sprach er über seinen Wanderurlaub in Schottland und nahm eine Blutprobe. Bei meinem zweiten Termin, eine Woche später, spähte er kurz auf die Ergebnisse. Alles war in Ordnung, das Cholesterin ein wenig hoch, aber kein Grund zur Sorge, ich sollte ungegartes Fleisch meiden und – an dieser Stelle zwinkerte er mir vertraulich zu – das Rauchen und Trinken auf Partybesuche beschränken. Als ich ging, schüttelte er mir erneut die Hand und sagte mir, in welch guter Verfassung ich sei, ganz im Gegensatz zu dem speckigen, kleinen Mann im Wartezimmer.

Zehn Jahre später bin *ich* der speckige, kleine Mann im Wartezimmer. Werde ich endlich aufgerufen, heißt mich der Arzt nicht mehr herzlich willkommen. Er sieht nicht einmal mehr von seinem Computerbildschirm auf, während er mich anbellt:

»Welches Problem haben Sie denn?«

»Na ja, wenn ich pinkeln will, muss ich mich wirklich anstrengen …«

Bevor ich meine Symptome ausführlicher beschreiben kann, hebt der Arzt die Hand, um mich zu stoppen, und schaut mich ziemlich verärgert an.

»Haben Sie Schmerzen?«

»Nein, es ist nur so unangenehm, mitten in der Nacht aufzustehen …«

Der Arzt lächelt mich dünn an, was seiner Verärgerung eine sarkastische Note verleiht.

»Sie werden alt, Mr. Britton, für Männer Ihres Alters ist es völlig normal, nachts aufzustehen, um zu urinieren.«

Mit einem einzigen Satz wandelt der Arzt meine Selbstwahrnehmung von einem Mann in voller Reife zu einem tattrigen, grauhaarigen Greis, der in Schlafanzug und Schlafmütze mit einer Kerze in der Hand auf der Suche nach dem Klohäuschen durch die Dunkelheit irrt. Er überprüft die letzten Testresultate auf einem Computerausdruck und schimpft:

»Ihre Cholesterinwerte sind viel zu hoch!«

Mein alter Feind Cholesterin. Nach 15 Jahren von einer zu vernachlässigenden Kleinigkeit zu einem Verbrechen befördert, für das ich mich schuldig fühle, als hätte ich gerade bei einer Verkehrskontrolle betrunken ins Röhrchen gepustet.

Nachdem er die übrigen Blutwerte vorgelesen hat wie ein Lehrer, der sich mit den Noten eines besonders schlechten Schülers beschäftigen muss, legt er den Ausdruck auf den Tisch und fragt düster:

»Sind Sie in letzter Zeit besonders gestresst?«

Einem Mann in den mittleren Jahren diese Frage zu stellen, ist, als würde man einen Sklaven, der beim Bau der Pyramiden schuften muss, fragen, ob er vielleicht ein wenig erschöpft sei. Da ich nicht die falsche Antwort geben möchte, zucke ich mit den Schultern, was ja und auch nein bedeuten kann. Es ist die falsche Antwort.

»Ich überweise Sie für weitere Untersuchungen an einen Urologen.«

Das sagt er im düsteren Ton eines Kapitäns, der den Kurs seines Schiffes in unbekannte, möglicherweise gefährliche Gewässer verkündet.

Um mein Unwohlsein zu mildern, tröstet mich der Arzt mit einem homöopathischen Medikament, wodurch er mich vom sicheren Boden medizinischer Wissenschaft in das Nebelreich der Kräutermagie schickt. Aber dort, wo es Magie gibt, gibt es auch Hoffnung – die Homöopathie ist viel optimistischer als die Schulmedizin. Und in den mittleren Jahren brauchen wir so viel Hoffnung, wie wir nur kriegen können. Der Wirkstoff meines Medikaments ist der Wurzelextrakt einer Pflanze, die am Amazonas wächst. Man sagt, dass es mir helfen wird, zu pinkeln. Mit anderen Worten: Meine medizinische Behandlung wurde mir eigentlich von einem Schamanen verschrieben, der in einer Hütte am Orinoko lebt. Der Apotheker reicht mir eine kleine Schachtel. Das Extrakt ist angeblich *zeitlos*, aber das Bild auf der Packung ist ganz modern: Ein Rentner mit perfekt gescheiteltem Haar, der einen mit solcher Intensität anlächelt, dass man seine Erleichterung fast spüren kann. Ich frage mich, ob ich mich ebenfalls in einen ekstatischen, grauhaarigen Rentner verwandle, wenn ich diese Medizin zu mir nehme. Eine Woche später hat das Wurzelextrakt vom Amazonas mein Leiden zwar noch nicht gelindert, aber zu meiner großen Sorge wachsen jetzt ein paar graue Haare mitten aus meiner Stirn.

Wenn ein Mädchen zur Frau wird, ist ihr Initiationsritus der erste Besuch beim Gynäkologen, normalerweise nach ihrer ersten Periode in den frühen Teenagerjahren. Der Initiationsritus, der einen Jungen zum Mann macht, findet etwas später statt, normalerweise zwischen 45 und 50, und zwar durch seinen ersten Besuch beim Urologen. Nachdem er mir die Hand geschüttelt hat, befiehlt mir der Urologe, die Hose auszuziehen. Urologen halten nichts vom Vorspiel. Er zieht einen Gummihandschuh an und befiehlt mir, die Hände auf die Ledercouch zu legen und mich leicht vornübergebeugt hinzustellen. Er steht hinter mir, aber sein Gesicht ist direkt neben meinem. Er steckt seinen behandschuhten Finger in meinen Anus. Die ganze Sache ist etwas halbseiden. Schließlich sind wir zwei Männer, die sich alleine in einem Raum befinden, und einer von ihnen hat den Finger im Rektum des anderen. Ich komme nicht umhin, mir die Frage zu stellen, ob die Prozedur etwas geschmackvoller und mit mehr Diskretion ablaufen würde, wenn ich privat versichert wäre. Es ist nicht das körperliche Gefühl des Fingers, das mir Schwierigkeiten bereitet – das ist eine notwendige medizinische Standardprozedur –, aber diese intime, sehr peinliche gesellschaftliche Situation.

Die Frage nach dem Augenkontakt stellt ein echtes Dilemma dar. Natürlich ist mein erster Instinkt, jeglichen Augenkontakt mit einem Mann zu vermeiden, der neben mir steht und den Finger in meinem Hintern hat. Auf der anderen Seite verstärkt das Vermeiden des Augenkontakts noch das Gefühl, dass hier etwas Hochnotpeinliches vor sich geht. Mit dieser Überlegung drehe ich mich um und lächle den Urologen an. Er macht schockiert einen Schritt zurück, wobei sein Finger aus meinem Hintern rutscht, was die Untersuchung vorzeitig beendet.

Wir versuchen es noch einmal mit einem Ultraschallgerät. Während der Urologe den Sensor über die angefeuchtete Haut zwischen meinen Schenkeln bewegt, blinzeln wir beide den Bildschirm an. Die Sache erinnert mich an die Ultraschalluntersuchungen, zu denen ich Carolin während ihrer Schwangerschaft begleitet habe.

Das graue, verwischte Bild sieht immer noch aus wie Aufnahmen der NASA von der ersten Mondlandung. Da wir keine Astronauten auf meiner vergrößerten Prostata herumhüpfen sehen, folgert der Urologe, dass das Problem in meinen unteren Eingeweiden nisten muss. Eine kalte Kralle der Angst umklammert exakt diesen Teil meines Körpers und sofort bereue ich jede einzelne Zigarette, die ich jemals geraucht habe.

Ich soll einen Urintest machen, was bedeutet, dass ich mich der Gruppe von Männern anschließe, die verloren mit einem Plastikbecher in der Hand zwischen Empfang und Toilette hin- und herwandern. Als ich meinen halbvollen Becher der Empfangsdame reiche, kann ich mich selbst nicht bremsen:

»Britton 2013, ein hervorragender Jahrgang.«

Sie lacht nicht und reicht mir die Nummer des Proktologen.

Als Patient kann man den Wechsel vom Urologen zum Proktologen nur als Abstieg betrachten. Im Wartezimmer des Proktologen herrscht eine sehr spezielle Art der Anspannung. Jeder im Raum weiß genau, warum er hier ist – und zwar nicht, damit ihm der Arzt in die Kehle leuchtet. Das unheilverkündende Gefühl verstärkt sich, wenn man den Behandlungsraum betritt und dabei 500 Jahre in der Medizingeschichte zurückreist. Normalerweise finden sich in Arztpraxen die wertvollsten Errungenschaften moderner Technologie. Die Wände sind mit elektronischen Geräten gesäumt, es summt in jeder Ecke. Das Behandlungszimmer eines Proktologen besteht aus einer einzigen harten Lederliege und einem kleinen Tisch voller stumpfer Metallinstrumente, die zuletzt von der spanischen Inquisition benutzt wurden.

Sollte diese Beschreibung meiner Abenteuer mit Urologen und Proktologen auf kindische Art und Weise besessen von meinen intimen Körperteilen klingen, liegt das daran, dass die meisten Männer diese Art von Untersuchung erst in den mittleren Jahren kennenlernen. Deshalb stimmen wir jedes Mal eine Leidensarie über unsere Demütigung an. Bei Frauen werden im Gegensatz dazu von der ersten Menstruation bis zum Ende ihres Lebens intimste Bereiche ihres Körpers untersucht, es wird herumgestochert, geröntgt und gescannt und sie ertragen das alles mit einem zähen Sinn für Humor. Als Carolin das letzte Mal von ihrer Mammographie zurückkam, fragte ich sie, wie es gelaufen sei.

»Super«, antwortete sie, »heutzutage werde ich nicht mehr oft gefragt, ob man mich oben ohne fotografieren darf.«

Der Proktologe nimmt Gewebeproben, die getestet werden sollen. Die Resultate bekomme ich in einer Woche zugeschickt. Noch mehr Warten und jede Menge Zeit, um zu hören, sehen und lesen, was die Statistiken hergeben. Männer in den mittleren Jahren haben nicht nur die Tendenz, an Krebs zu erkranken, sie haben auch eine Schwäche für Statistiken, denn je älter wir werden, desto mehr brauchen wir diese, um etwas Ordnung in die Beliebigkeit und Ungerechtigkeit des Todes zu bringen. Die Analyse von Statistiken ist ein Spiel mit den Prozenten, das eine beschwichtigende Illusion von Ursache und Wirkung auf das chaotische, widersprüchliche, unvernünftige und gleichgültige Wesen des Universums hat.

Ich durchsuche das Internet, um statistische Vorhersagen für meine Aussichten zu finden. Eine Studie belegt, dass die Verbreitung von Darmkrebs bei Männern zwischen 45 und 60 in der Stadt, in der ich lebe, von 16 % auf 34 % gestiegen war. Das bedeutet, dass sich meine persönliche Wahrscheinlichkeit, Darmkrebs zu haben, gerade um 18 % erhöht hat. Die Lösung liegt auf der Hand – um die Wahrscheinlichkeit, an Krebs zu erkranken, zu verringern, müsste ich nur in einen anderen Postleitzahlenbezirk ziehen. Ich verbringe den Abend damit, die Region mit den niedrigsten Krebsquoten zu suchen. Dann fällt mir ein, dass diese Statistiken völlig irrelevant sind, wenn ich tatsächlich an Krebs erkrankt sein sollte. Die Krebszellen in meinem Körper würden sich von statistischen Studien weder ermuntern noch abschrecken lassen. In der versteckten Dunkelheit meiner Eingeweide würde der verhärtete Gewebeklumpen völlig gleichgültig gegenüber meiner Postleitzahl oder anderen Einflussfaktoren wie Arbeitslosigkeit, Kindern, die ausziehen, sterbenden Haustieren oder Rentenarmutsangst sein. Mein Krebs, wenn es ihn gibt, würde eine ganz persönliche Tragödie sein, in keinerlei Zusammenhang mit dem, was sich in den Eingeweiden, Prostatadrüsen oder Hodensäcken anderer Männer tut.

\*\*\*

»Was auch immer es ist, wir können es gemeinsam durchstehen.«

Ich sitze auf dem Sofa und halte die Testergebnisse in der Hand. Carolin ist neben mir. Während ich stumpf ins Nichts starre, legt sie ihre Hand auf meine.

»Sag mir einfach, was es ist.«

Ich atme durch, bevor ich es ihr sage.

»Hämorrhoiden.«

# Flug ins Nimmerland

»Du bist Jungfrau! Ich wusste es!«

Lucy ist Viktors neue Freundin. Lucy ist etwas Besonderes. Sie ist keine alleinerziehende Mutter, sie ist einfach nur Single. Und sie ist sehr jung – 23 Jahre jung.

Carolin und ich sitzen den beiden in einem Restaurant gegenüber, während sie mit ihren gestylten Fingernägeln Viktors Sternzeichen in eine Astrologie-App auf ihrem Smartphone tippt.

Viktor lächelt nachgiebig. Auch Carolin lächelt. Ich lächele. Wir alle lächeln diese junge Frau an. Wie Kinder in der Gesellschaft Erwachsener steht Lucy unbewusst im Zentrum der Aufmerksamkeit. Wir anderen drei lassen uns auf ihr Niveau herab, wir sind gezwungen, auf dem jüngsten gemeinsamen Nenner zu kommunizieren. Es ist wirklich nicht anders, als mit einem Kind am Tisch zu sitzen, aber anstatt dass wir so tun, als wären wir unglaublich gespannt darauf, welche Eiscremesorte sich das Kind aussucht, machen wir *Ah!* und *Oh!*, als Lucy uns enthüllt, dass Jungfrau Viktor abenteuerlustig ist und gerne auf Partys geht.

»Und du probierst gerne neue Sachen aus. Damit sind wir gemeint!«

Lucy quietscht vor Vergnügen, denn ihr Verhältnis mit einem älteren Mann ist gerade von einer Astrologie-App legitimiert worden. Viktors Lächeln wird noch breiter, er zuckt mit den Schultern, während Carolin und ich noch immer lächeln, allerdings mit dem gezwungenen Ausdruck, den man hat, wenn man es mit Geisteskranken zu tun hat.

*\*\**

Viktor ist nicht geisteskrank, aber er leidet unter einer bei Männern in den mittleren Jahren häufig vorkommenden Krankheit, die der Beweis dafür ist, dass das Sprichwort *Mädchen reifen zu Frauen, Jungs zu größeren Jungs* wahr ist. Der Ausdruck »Peter-Pan-Syndrom« wurde im Jahr 1983 von Dr. Dan Kiley geprägt, der sich auf JM Barries Geschichte bezog, in der ein vernünftiges Mädchen namens Wendy und ihre beiden jüngeren Brüder Michael und John von Peter Pan auf die Phantasie-Insel Nimmerland gebracht werden, wo Kinder, vor allem die Jungen, nie erwachsen werden müssen. Peter, für immer impulsiv und sorgenfrei, fliegt zwischen der realen Welt und der Phantasie-Insel hin und her. Seine Flugfähigkeit nimmt jedoch jedes Mal ab, wenn er daran erinnert wird, dass Wendy ihn liebt. Mit anderen Worten: Die Aussicht auf eine erwachsene sexuelle Beziehung, mit all ihren Verantwortlichkeiten und Realitäten, lässt Peter Pan mit einem Knall auf der Erde landen. Die Kernaussage von Dr. Kileys These ist, dass viele Männer in den mittleren Jahren unter derselben Wahnvorstellung leiden: Sie denken, dass sie für immer Jungs bleiben können, ledig und verantwortungslos. Wenn sie physisch altern, wird es immer schwieriger, diese Illusion der Jugend aufrechtzuerhalten, also suchen sie sich immer jüngere Frauen für Affären.

Diese Männer haben panische Angst vor einer Verpflichtung, die die narzisstischen Vorstellungen, die sie von sich selbst haben, zerstören könnte. Sie sind stets davon überzeugt, jemand Besseren zu finden, der ihre Haartransplantationen und Penisvergrößerungen verdient hat.

Diese *Lost Boys* der mittleren Jahre sind nicht immer Single. Viele sind Flüchtlinge aus zerbrochenen Ehen, die ihre verlorene, durch lange Ehejahre gestohlene Jugend wiederfinden wollen. Sie sind wie Überlebende eines gesunkenen Schiffes, die versuchen, auf dem Strand eine Party zu starten. Sie verbringen ihre Tage damit, mit feuerroten Ferraris über den Sand zu rasen, Cocktails mit Mädchen in Hula-Röckchen zu trinken und sich mit dem Rechtsanwalt ihrer Exfrau zu treffen.

Natürlich gibt es mehr als einen Weg, um wie Peter Pan zu fliegen. Jürgen, der ein anspruchsvoller Peter Pan ist, hat keinen lauten, auffälligen, vulgären, modernen Sportwagen – er hat sich einen Aston Martin gekauft. Der ist schnell und trotzdem elegant. Anstatt ungestüm, trashig und jugendlich zu sein, ist sein Oldtimer kultiviert und geschmeidig. Dieses Auto sagt: »Sex mit meinem Fahrer ist keine hektische Spritztour im falschen Gang, der abrupt mit einem Unfall endet. Dieser Oldtimer bietet Ihnen ein völlig anderes Fahrerlebnis, geschmeidig und erfahren, aber mit genau so viel Schubkraft und Power unter der Haube. Wie wäre es mit einem kleinen Ausflug, Miss Moneypenny?«

Jürgens Antwort auf Mechthilds Vorwurf, dass der Aston Martin nur eine Entschädigung dafür sei, dass er sich alt fühle, war:

»Du hast recht. Und es funktioniert!«

Er beschrieb ihr, wie phantastisch es sich anfühlte, mit offenem Verdeck zu fahren, die Sonnenbrille auf seiner Nase und dem Gefühl des röhrenden Motors unter seinem Hintern, wenn sein Fuß auf das Gaspedal drückte. Er entwarf daraufhin eine interessante Theorie. Genau die Tatsache, dass er sich einen Oldtimer gekauft hatte, würde beweisen, dass er ein Mann in den mittleren Jahren sei, der sich in keiner Alters- oder Identitätskrise befindet. Im Gegenteil würde er damit eingestehen, dass er nicht mehr so jung ist, wie er einmal war. Wäre er noch jung, schlank, muskulös, braungebrannt, mit vollem Haar und allen seinen eigenen Zähnen, hätte er keinen Aston Martin kaufen müssen. Er würde auch in einem gebrauchten Renault gut aussehen. Sicherlich würde nur ein verblendeter Mann in der Midlife-Crisis in einem Familienkombi herumfahren und denken, er sehe aus wie Sebastian Vettel.

Ich kann Jürgens Argument verstehen und gehe sogar noch weiter. Die Anschaffung des Aston Martin ist auch in philosophischer Hinsicht sinnvoll. Sie folgte einer Einsicht, dass er nicht ewig leben wird und den Augenblick genießen sollte. Er möchte keine Ausflüchte mehr machen, denn das wäre wahnhaft. Er wird sterben – eher früher als später –, aber vorher möchte er noch den Thrill erleben, einen Aston Martin zu fahren. Wenn er es jetzt nicht tut, wann dann?

Viktor besitzt natürlich einen trashigen, vulgären kleinen Sportwagen. Irgendein billiger Mazda, der versucht stromlinienförmig auszusehen. Wenn Jürgens Oldtimer eine teure Hostesse ist, ist Viktors Mazda eine billige Bordsteinschwalbe. Und die Beziehung mit diesem Mazda gibt ihm (und dem Mazda) einen gewissen erotischen Kick. Ich habe gesehen, wie er den Schlüssel mit der Fernbedienung auf sein Auto richtet und sofort mit einem quietschenden, orgiastischen Schrei mit blinkenden Lichtern belohnt wird – als hätte er den G-Punkt des Mazdas getroffen. Diese Art von Beziehung habe ich mit meinem Skoda nie genossen. Wenn ich die Fernbedienung auf die alte Karre richte, steht sie einfach nur kalt und reglos da. Das überrascht mich keineswegs. Ich habe den G-Punkt noch nie bei einer Frau gefunden, warum sollte es mir bei einem Skoda gelingen?

Die Analogien gehen ins Unermessliche. Was auch immer ein Mann in den mittleren Jahren fährt, es kann als die Wunscherfüllung eines Peter Pan gelten. Manchmal, wenn ich auf meinem Fahrrad dahingleite, von KFZ-Steuer, Versicherung und Parkscheinen befreit, fühle ich mich so frei wie ein kleiner Junge. Bin ich damit auch Kandidat für das Syndrom? Na schön, ich gebe zu, dass es ein Bonanzarad ist.

Wenn ein Mann in den mittleren Jahren als Peter Pan bezeichnet wird, nimmt man gemeinhin an, dass er sich feige davongemacht hat. Aber das lässt außer Acht, dass es eine ganz eigene Herausforderung ist, dynamisch jung und Single zu bleiben. Fragen Sie einmal James Bond. In seinem Alter 007 zu sein ist nicht einfach. Auch wenn er langsam eine Glatze bekommt und seine Prostata fester sitzt als der Deckel eines Glases mit eingelegten Eiern, kann er immer noch aus einem fahrenden Zug springen, auf der Motorhaube eines daneben fahrenden Autos landen und den Fahrer durch die Windschutzscheibe erschießen. Nicht schlecht für einen Geheimagenten mit verschlissenen Knien und Tinnitus. In Wahrheit hat James ein gewisser Weltüberdruss erfasst, ein »Leben und Sterben lassen«. Genau wie wir selbst hat James Bond über so lange Jahre tagaus, tagein dasselbe gemacht, dass er jetzt davon ermattet ist. Man tötet einen internationalen Terroristen, schon taucht der nächste auf. Nach all den Jahren findet Bond das alles müßig und fragt sich, ob er mit der Lizenz zum Töten wirklich die richtige Berufswahl getroffen hat. Einst hat ihn das zufriedengestellt und ihm das Gefühl gegeben, etwas wert zu sein, aber jetzt stellt er seine Wahl infrage. Passt sie wirklich zu seinen Begabungen? In der Schule hat ihm der Moriskentanz doch so viel Spaß gemacht, was ist eigentlich daraus geworden? Auch seine Beziehung mit dem Bond Girl entwickelt sich nicht richtig. Sie ist halb so alt wie er, hat ganz andere Interessen und wird früher oder später von feindlichen Agenten ermordet werden. Aber sei's drum. Er sitzt im Whirlpool, sie ihm gegenüber, ihre Silikonbrüste mit Schaumflöckchen bedeckt. Mutig schlürft er am Martini – geschüttelt, nicht gerührt – und schon zwickt ihn die Magenverstimmung. Meine Güte, sogar das Vergnügen ist mittlerweile harte Arbeit. So lange im

Whirlpool zu sitzen wird ihm wieder einmal eine Blasenentzündung bescheren. Aber Bond wird weitermachen und den nächsten Auftrag annehmen – nachdem er einen Termin mit seinem Urologen gemacht hat.

Grundsätzlich ist nichts falsch daran, wenn ein Mann in den mittleren Jahren den Geist und den Körper einer jüngeren Frau genießt und mit der Hilfe und Expertise von Schönheitschirurgen, Orthopäden, der Pharmaindustrie, Stylisten, Fitnesstrainern, Ernährungsberatern und, am allerwichtigsten, einer ausgeklügelten Schlafzimmerbeleuchtung, kann es sogar gelingen. Allerdings ist auch der beste Peter-Pan-Lebensplan nur temporär. Genau wie in der ursprünglichen Geschichte von J. M. Barrie hat auch das Nimmerland der mittleren Jahre ein Krokodil, in dem eine Uhr tickt – *ticktack, ticktack, ticktack* – und es ist ganz egal, was er sich kauft, wie hart er trainiert, sich stylt oder selbst neu erfindet, das Krokodil kriecht immer weiter auf ihn zu – *ticktack, ticktack, ticktack* – es wird ihm nicht einmal nützen, seine neue Trophäenfreundin nach ihm zu werfen.

Irgendwann ist Peter Pan zu alt zum Fliegen. Er wird nur herumstehen und mit den Armen wedeln und nichts wird geschehen. Eines Abends wird er sich in einem Nachtclub wiederfinden, mit Schmerzen, die seine Wirbelsäule heraufschießen, sein Glöckchen auf der Tanzfläche düster betrachten und sich wünschen, er wäre zu Hause mit einem guten Buch in sein Bett gekuschelt.

Also machte Viktor Schluss mit Lucy. Sie wollte bei ihm einziehen und das war definitiv nicht Teil des Peter-Pan-Plans. Für Viktor war ja gerade das Schöne an all den

Beziehungen mit alleinerziehenden Müttern die Tatsache, dass sie kein Interesse daran zeigten, bei ihm einzuziehen oder eine zweite Familie zu gründen. Das passte perfekt zu Viktor, der nicht das geringste Interesse daran hat, sein Junggesellen-Loft aufzugeben. Das liegt weniger an seinem Bedürfnis nach Freiheit, sondern eher an der Pingeligkeit seiner mittleren Jahre. Er mag keine Fingerabdrücke an seiner polierten Cappuccinomaschine. Seine Welt ist in Ordnung, wenn die Fernbedienungen für Fernseher, DVD-Spieler und iPod-Lautsprecher in einer Linie auf dem Couchtisch arrangiert sind. Die Star-Wars-Figuren müssen in ihrer Verpackung bleiben und sollen nicht von Kindern angetatscht werden. Eine Dreiundzwanzigjährige, die seine Welt mit ihrem Zeug durcheinanderbringen würde, war das Letzte, was er brauchen konnte. Als Lucy anfing, vom Zusammenziehen zu reden, nahm Viktor den nächsten Flug nach Nimmerland.

***

»Macht's gut!«

Benni und seine schöne Freundin Sarah huschen auf ihrem Weg zu einer Party an uns vorbei. Sie ähneln zwei jungen Stars aus einer Illustrierten, die auf dem Weg zur VIP-Lounge durch einen Flughafen gleiten. In meinen älteren Augen erscheint mir Sarah sehr attraktiv. Aber ich bin kein Peter Pan und sie ist nicht meine Lolita. Auf erotischer Ebene bin ich nicht an Sarah interessiert. Es ist etwas anderes, aber dieses Andere ist genau so stark. Ich sehne mich nach ihrer Jugend.

# Volles Programm

»Entweder du machst eine Therapie, oder ich verlasse dich und nehme die Kinder mit.«

In den meisten Fällen ist es die Frau, die das Thema Therapie überhaupt in das Leben ihres Mannes einbringt. Dafür, dass eine Behandlung angeblich freiwillig ist, geht eine überraschend große Anzahl von Männern in den mittleren Jahren nur aufgrund einer Drohung in Psychotherapie.

*\*\*\**

Ich leide nicht unter altersbedingter Depression, lassen Sie mich das klarstellen. Ich war schon immer so mies drauf. Außerdem leiden Männer in den mittleren Jahren nie unter einer Depression, wer möchte schon so etwas Langweiliges wie eine Depression haben? Depressionen haben nichts Aufregendes, ganz anders als ein Herzinfarkt oder ein Tennisarm. Männer, die unter einem der beiden Letzteren leiden, schildern stundenlang jedes Detail, wo und wie die Sache passiert ist, was der Arzt gesagt hat und wie sie behandelt werden. Aber wer will über eine Depression sprechen? Also leiden Männer in den mittleren Jahren (mich eingeschlossen) unter Burnout. Das klingt schon viel besser.

Altersbedingte Depression, das tönt schwach und passiv und ist eine Diagnose, die das Problem nicht lösen wird. Wenn Sie dem Mann allerdings sagen, dass er einen *Burnout* hat, wird er sich gleich besser fühlen. Er wird es kaum erwarten können, seinen Arbeitskollegen per Telefon, Mail und SMS die aufregenden Neuigkeiten mitzuteilen. Wer unter Burnout leidet, der hat schließlich vorher gebrannt. Man war einfach irgendwann zu heiß. Man war einer von denen, die zu lange auf der Überholspur gelebt haben und jetzt dafür den Preis zahlen müssen. Burnout ist das Fieber der Psyche, die Depression nur die Erkältung der Seele. Der Burnout-Patient sieht sich selbst als Düsenjägerpilot, der das Feuer im Cockpit und den Absprung mit dem Fallschirm überlebt hat und jetzt ein wenig Zeit in einem Sanatorium, vorzugsweise in einem von Ulmen umgebenen Landhaus, verbringt, um sich von seinen übermenschlichen Heldentaten zu erholen. Dort wird er Frieden finden und Regenerationsspaziergänge unternehmen mit der jungen Krankenschwester, die ihm helfen wird zu verstehen, dass er einfach zu weit gegangen ist (wofür sie ihn aber heimlich bewundert). Diese langen Gespräche werden die beiden einander näherbringen, bis sie sich schließlich verlieben und sie ihn auf dem langen Pfad der vollständigen Genesung begleitet. Dann wird er zurück ins Cockpit steigen als stärkerer, besserer Mann, bereit für *Burnout 2 – Die Rückkehr*.

Moderne Männer reden nicht gerne über ihre versteckte Hoffnungslosigkeit und Verzweiflung, genau wie

Achilles nicht gerne über seine Ferse sprach oder Superman über seine Kryptonitanfälligkeit. Irgendwo tief in ihrem Inneren glauben Männer, dass die Depression der mittleren Jahre oder Midlife-Crisis ein Symptom des modernen, dekadenten Lebensstils ist, genau wie Wii-Verletzungen oder Sehnenentzündung vom iPod-Streicheln. Sie glauben, dass ein Leben mit echten Mühen, wie es ihre Großväter gelebt haben, kein Platz dafür ließe, sich derart gehen zu lassen. Mein Urgroßvater kämpfte im Ersten Weltkrieg an der Somme. Depressionen? Er war in der Hölle – zwei Jahre im Schützengraben, jeden Tag im Angesicht des Todes, lebte mit Ratten im Schlamm, unter ständigem Granatenbeschuss und Tausenden Kameraden, die um ihn herum starben. Aber er ging nicht zu seinem Offizier und bat um eine Ayurveda-Therapie oder eine Woche Urlaub, um Delfine zu streicheln. Zitternd und schluchzend waren eine Extraration Zigaretten und ein heißer Tee in seinem Zinnbecher alles, was er brauchte, um wieder auf die Beine und zurück an die Front zu kommen.

Carolin ist schon seit einigen Jahren in Therapie, also hat sie mir das Gleiche empfohlen. So funktioniert Psychotherapie: Genau wie wiedergeborene Christen, Veganer oder Eltern von Montessori-Schulkindern machen es sich Leute, die sich in Therapie begeben haben, zur Lebensmission, alle anderen zu überzeugen, es ebenfalls zu tun.

Ich dachte mir, dass ich es anstatt eines Therapeuten lieber mit einem »Life Coach« versuchen sollte. Ich suchte eine schnelle Lösung und hoffte, dass ein Life Coach weniger kompliziert und direkter als ein Therapeut sein würde. Wenn man eine Therapie als mechanischen Prozess betrachtet, suche ich mir den Mechaniker aus, der mich zurechtschraubt und wieder auf die Straße bringt, und nicht den, der den Motor neu zusammensetzt, die Steuerung austauscht, das Kühlsystem ändert und mir dann eine Rechnung aushändigt, die so hoch ist, dass sie mir Nasenbluten verursacht – zusammen mit der Empfehlung, das Auto alle sechs Monate wieder vorbeizubringen.

Peter, mein Life Coach, war in seinen Vierzigern und auf männliche, trendige Art kahlköpfig. Er war schlank und clean, nicht nur seine Haut, sein glänzender Schädel und seine Zähne, sondern auch seine Kleider ließen ihn aussehen, als wäre sein gesamtes Wesen frisch gewaschen und gebügelt worden. Sein Lächeln war so entspannt und freundlich wie das Angebot auf seiner Website: *Lass uns reden!*

In meiner ersten Sitzung erfuhr ich, dass Peter Finanzberater im Bereich Aktien und Investmentfonds bei einer großen Bank gewesen war. Wegen der Krise, wegen des Stresses und wegen zahlloser Todesdrohungen von Kunden erlitt er einen Zusammenbruch. Nach einer Genesungspause hatte er aber wieder Lust darauf, andere zu beraten – diesmal nicht in Sachen Geld, sondern in Geistesangelegenheiten. Und so ging er nach einer Wochenendausbildung als Life Coach in die Welt hinaus.

Ein Life Coach ist also jemand, der so darauf erpicht ist, anderen zu helfen, dass er nicht die Zeit hat, um zu studieren, wie man das überhaupt anfängt. Wie bei einem

Guru ist sein Zertifikat die eigene, in der Regel lebensbejahende, persönliche Erfahrung. Life Coaches sind oft ehemalige Angestellte, die sich nach einem eigenen Zusammenbruch dazu qualifiziert fühlen, anderen zu helfen, damit zurechtzukommen, arbeiten zu müssen. Es ist allerdings schwer, diese Logik auf andere Berufsfelder anzuwenden: Sollte ein Fahrlehrer einmal in einen schweren Unfall verwickelt gewesen sein? Und ein wirklich guter Schwimmlehrer irgendwann im Leben einmal ertrunken?

In meiner zweiten Sitzung sagte Peter, dass meine Depression daher rührte, dass ich die Dinge verkomplizierte. Er erklärte mir, dass eigentlich alles sehr einfach sei. Wenn es nach Peter geht, ist das Leben ein halbes Glas Wasser.

»Die Frage ist, Mark …«, sagte er und stellte ein Glas Wasser vor mich auf den Tisch, » … siehst du das Glas halb voll oder halb leer?«

An dem betreffenden Morgen war ich besonders niedergeschlagen. »Warum ist das Glas so klein?«

Peter sagte, ich wäre *negativ vorgeprägt* und es gab keine dritte Sitzung.

Es gab keinen Weg daran vorbei: Ich würde den Mechaniker aufsuchen müssen, der mehr tat, als bloß herumzuschrauben. Ich wählte die Nummer eines Psychotherapeuten, die mein Arzt mir gegeben hatte, und wurde von einer kalten Stimme gefragt:

»Wer hat Ihnen diese Nummer gegeben?«

Das war so einladend wie die kleine Klappe in der Tür eines dubiosen, aber exklusiven Nachtclubs. Vertraulichkeit ist ein essentieller Bestandteil der Psychotherapie. Sie dient dazu, die Privatsphäre des Patienten zu schützen und die Anonymität des Therapeuten zu garantieren. Außerdem sorgt sie dafür, dass man sich fühlt, als würde man in einen geheimen Satanistenkult eintreten. Als man mir eine *Probesitzung* anbot, fragte ich mich, ob ich nicht ein Opferhuhn mitbringen sollte.

Ich klingelte und hoffte, die richtige Adresse zu haben. Die Frau, die die Tür öffnete, war ungefähr in meinem Alter. Sie war ziemlich förmlich gekleidet. *Vernünftig* war das erste Wort, das mir in den Sinn kam. Ich stellte mir vor, dass sie die Heizung nie voll aufdrehte und eine Menge Kräutertee trank. Aber war sie jemand, dem ich meine kleinen, dreckigen Geheimnisse anvertrauen sollte?

»Sie sind zehn Minuten zu spät.«

Ich hatte schon gehört, dass Pünktlichkeit bei einer Therapie eine große Rolle spielte. Ich erklärte, dass ich auf der Suche nach einem Parkplatz herumgekurvt sei. Sie nickte, als hätte ich irgendetwas Entlarvendes gesagt, und bat mich herein. Ich folgte ihr in das Behandlungszimmer. Es war in spätem Sigmund-Freud-Stil eingerichtet, mit schweren, dunklen Vorhängen und Teppichen, zwei Polstersesseln und einer Couch, die mit einer gemusterten Decke bedeckt war. Entschlossen, die Sache mit einem klaren Startpunkt zu beginnen, setzte ich mich prompt auf den falschen Sessel, und nachdem sie mich darauf hingewiesen hatte, tanzten wir einen unbeholfenen Therapeuten-Patienten-Pas de Deux, bis jeder endlich richtig saß. Neben ihrem Sessel stand die Couch, die etwas Erotisches an sich hatte. Ich verspürte einen fast unkontrollierbaren Drang zu fragen, was eine Stunde auf der Couch kosten würde. Sie fragte mich, was ich gerade dächte. Ich log. Ein schlechter Start.

Vielleicht ist das der Grund, warum sich die Dinge nicht so entwickelten, wie ich es gehofft hatte. Wir hatten keine warmen, freundlichen und offenen Gespräche, erst im Sessel und dann auf der Couch, glitten nicht in eine intime, schwierige Beziehung ab, die es mir erlaubte, mehrere erstaunliche Erkenntnisse über mich selbst und schmerzhafte, unterdrückte Erinnerungen zu entdecken. Am Ende würde ich nicht glücklich sein wie jemand, der sich zu Hare Krishna bekehrt hat, aber ich würde Erlösung finden. Ich würde einen Weg finden, mit meinem Unglück zu leben.

Leider lief es ganz anders. Wenn die Beziehung zu einem Therapeuten einer Liebesbeziehung gleicht, dann kamen wir nicht weiter als zu zanken, wie oft wir uns sehen sollten. Eigentlich war es genau wie mit einer Freundin. Am Anfang der Beziehung versucht man, das Mädchen zu überreden, Zeit mit dir zu verbringen, aber kaum ist man zusammen, ist man nur noch damit beschäftigt, sich gegen den Vorwurf zu wehren, man verbrächte nicht genug Zeit mit ihr.

Wir begannen mit einer Sitzung pro Woche. Aber nach ein paar Wochen langen Schweigens, unterbrochen nur durch ihre Frage: »Was denken Sie gerade?« (Auch das ist eine Frage, die mir bis jetzt nur junge Freundinnen gestellt haben), machten wir noch keinen Fortschritt. Meine Therapeutin legte mir nahe, dass der Grund dafür meine Bindungsangst sei, und schlug mir zwei Sitzungen pro

Woche vor. Ich stimmte zu, allerdings erst nach vier Sitzungen hintereinander, bei denen nur über ein Thema geredet wurde: Warum ich keine zweite Sitzung die Woche wollte.

Fünf weitere Monate des Schweigens endeten mit dem Vorschlag, doch drei Sitzungen in der Woche zu machen. Der Stress wurde so stark, dass ich eine schwere Grippe bekam. Ich stellte den Anrufbeantworter an und ging für ein paar Tage ins Bett. Die erste Nachricht auf dem AB war von meiner Therapeutin: Warum war ich nicht zu unseren Sitzungen gekommen? Warum hatte ich nicht angerufen? Als ich anrief, um mich zu entschuldigen, weigerte sie sich zu glauben, dass ich krank war, und behauptete, ich würde ihr absichtlich aus dem Weg gehen. Eine Rechnung über die verpassten Sitzungen flatterte ins Haus. Ich war so wütend, dass ich jede weitere Sitzung stornierte. Sie rief wieder an. Ich sagte ihr, dass ich sie nie mehr sehen wollte.

Während dieses letzten Telefonats dachte ich plötzlich an Sarah Radley, wie sie vor all diesen Jahren vor einem Kino im Regen auf mich wartete. Wie sehr musste ich dieses fünfzehnjährige Mädchen verletzt haben, nur weil ich nicht zu unserer Verabredung erschienen war? Okay, es ist nicht ganz mit dem zu vergleichen, was Don José Carmen angetan hat, aber es ist etwas, für das ich mich immer geschämt habe. Ein Teenagergeist, der in den Schatten des schlechten Gewissens herumschleicht. Aber jetzt war er draußen, unverhüllt. Ich wies meine Therapeutin am anderen Ende der Leitung sarkastisch darauf hin. Sehr sachlich antwortete sie:

»Gut. Wir machen Fortschritte …«

Und das ist die Wahrheit über Psychotherapie: Man wird Fortschritte machen, aber Junge, das kann dauern. Wenn man die Therapie in den mittleren Jahren beginnt, muss man sehr alt werden, um sie auch beenden zu können. Sollte ein Mann in der Midlife-Crisis in Erwägung ziehen, eine Therapie zu beginnen, sollte er seinen neuen Ferrari gegen ein Paar Wanderstiefel tauschen. Er hat einen langen Marsch vor sich.

*\*\**

»Wo soll ich hin mit meinem Leben?«

Ich sitze alleine im Auto, als ich mir diese grundlegende Frage stelle, und prompt antwortet eine Frauenstimme:

»Die Route wird berechnet.«

Ich muss einfach die nächste Frage stellen:

»Was soll ich dann mit dem Rest meines Lebens tun?«

Ihre Antwort ist wieder selbstgewiss:

»Dem Straßenverlauf weiter folgen.«

Ich kann mir schon denken, wohin das führt.

»Bis zu meinem Tod?«

»Dann haben Sie Ihr Ziel erreicht.«

# Rückkehr der Romantik

»Scheißkerl! Scheißkerl! Scheißkerl!«

Es ist drei Uhr morgens. Ich stehe mit Viktor und Jürgen auf der Straße. Manfreds Exfrau Sonja ist mit Manfreds Freundin Melanie in einer Wohnung im zweiten Stock. Sonja versucht, Melanie davon abzuhalten, Manfreds Badartikel und seine Anziehsachen aus dem Fenster zu werfen. Sonja hat dabei nicht allzu viel Erfolg, so dass Viktor, Jürgen und ich damit beschäftigt sind, Hosen, Schuhe und eine zerbrochene Flasche Aftershave aufzuheben und in einen Müllbeutel zu stopfen. Der Besitzer all dieser Dinge versteckt sich in Viktors Wohnung. Dieses kleine Drama hat etwas, das zugleich aufregend und merkwürdig vertraut ist. Es ist, als wäre man noch einmal 23 Jahre alt.

\*\*\*

Eine Ehe, die bis über die mittleren Jahre hinaus hält, ist eine Ehe, die mit den Kompromissen leben kann, die sie einfordert. Rückblickend ist es klar, dass die romantischen Erwartungen, mit denen wir die Straße unserer Jugend hinabsausten, grotesk waren. Das mittlere Lebensalter ist die Straßenkurve, in der diese romantischen Erwartungen aus der Bahn geraten. Es braucht eine gute Ehe, um diesen Unfall zu überleben, das Auto wieder zusammenzuflicken und die Reise wieder aufzunehmen.

Als wir neulich aus dem Kino kamen, sagte Carolin schwermütig:

»Manchmal wünschte ich mir, du wärst George Clooney.«

Ich konnte ihr nur zustimmen:

»Ich auch.«

Wenn ein verheiratetes Paar 50 überschreitet, gerät auch die Ehe in die Midlife-Crisis, denn als Paar hat man etwas verloren. Was war es, das das Paar vorher hatte und dessen Verlust es jetzt so deutlich spürt? Sex ist es nicht. Die meisten verheirateten Paare genießen sexuelle Vertraulichkeit. Es ist auch nicht Liebe. Gemeinsam Kinder großzuziehen kann in einem Paar eine Liebe auslösen, die zu komplex und zu tief ist, um sie erklärbar zu machen. Was dem Paar in den mittleren Jahren fehlt und was es in manchen Fällen betrauert, ist Romantik.

Trotz all der sexuellen Desaster, Peinlichkeiten und Enttäuschungen hat die Romantik unsere Jugend geprägt. Romantik ist es, die all diese kahlköpfigen geschiedenen Männer mittleren Alters, die auf ihren Harley Davidsons durch die Welt cruisen, so verzweifelt suchen. Etwas, das das Herz wieder pochen lässt. Das Problem mit der Romantik ist allerdings ihre kurze Dauer. Entweder stirbt sie schnell oder sie verwandelt sich in etwas weniger Aufregendes, aber viel Bequemeres. Champagner kann man gut aus High Heels trinken, aber nicht aus Pantoffeln.

Stellen Sie sich vor, Romeo und Julia wären nicht gestorben, sondern hätten geheiratet und Kinder bekommen. Zwanzig Jahre später arbeitet ihr Sohn Romeo junior beim Verkehrsamt im Bezirk Mantua Nord und ihre Tochter Julia studiert Teppichweberei und Breakdance am Castelvecchio-Zentrum für Renaissancestudien. Die Kinder sind aus dem Haus, aber Julia und Romeo sind nicht mehr *Ein Liebespaar, das unter einem schlechten Stern steht*, sondern zwei Leute, die in völlig unterschiedlichen Galaxien leben. Romeo ist es egal, wo oder mit wem Julia ihre Abende verbringt, solange er zu Hause bleiben und seine Mandolinensammlung polieren darf. Die Leidenschaft, die Julia einst für ihren Geliebten empfand, empfindet sie jetzt für die Bänder, die sie an ihre Kegelhüte näht. Sie stört sich besonders an Romeos Eigenart, Dinge nie zu Ende zu bringen, während er ihre Art, ihn an neue Aufgaben zu erinnern, bevor er die Gelegenheit hatte, die alten zu vollenden, unerträglich findet. Einst fragte sie ihn, was er so dächte, jetzt ist es ihr egal. Einst wollte er ihr alles erzählen und einmal ist er sogar auf ihren Balkon geklettert, um zarte Liebesschwüre in ihr Ohr zu flüstern. Jetzt bräuchte er einen *Deus ex Machina*, um dort hochzukommen, und wenn er einmal da wäre, wüsste er nicht, was er sagen sollte. Eines Abends, als Julia Romeo sagte, er sei mittlerweile zu fett für seine rot-grün gestreiften Strumpfhosen, spitzten sich die Dinge zu. Romeo ist durch diese Bemerkung so erbost, dass er sich weigert, den Müll nach unten zu tragen. Die Romanze ist definitiv vorbei.

Das Ereignis, das Sonja dazu gebracht hat, Manfred nach 15 Ehejahren zu verlassen, war ebenfalls romantischer Natur. Es ging um ein Wochenende in Paris, das Manfred zu Sonjas Geburtstag geplant hatte. Die Logik dahinter beweist perfekt, wie widersprüchlich, komplex und verwirrend eine Ehe in den mittleren Jahren sein kann: Zuerst war Sonja begeistert. Doch bald begann sie zu grübeln. Warum Paris? War das nicht zu viel des Guten? Es war doch kein runder Geburtstag, bloß der fünfundvierzigste. Ein Abendessen in ihrem Lieblingsrestaurant wäre doch auch schön gewesen, oder? Langweilte sich Manfred bei der Vorstellung, mit ihr zu essen? War er gelangweilt von ihr selbst? Na, wenn es so war, dann wollte sie auch kein Wochenende in Paris. Manfred konnte einfach nicht genug bekommen. Sie hatte ihm ihr Leben gegeben, sie hatten ein schönes Zuhause, ihre Tochter war wundervoll, aber das reichte ihm nicht! Jetzt dachte er, er könnte Romantik kaufen, indem er ein Wochenende in Paris buchte. Tja, das Hotel und die Zugtickets würde er wohl stornieren müssen. Und wo sie schon einmal beim Thema war: Manfred war nicht der einzige, dem Romantik fehlte. Sie hätte es von sich aus ja nicht erwähnt, aber jetzt, da er die Sache auf den Tisch gebracht hatte, musste gesagt werden, dass Manfred seit längerer Zeit auch kein Feuerwerk mehr war – ganz sicherlich nicht im Bett. Sie war gelangweilt! Gelangweilt von der Ehe, gelangweilt vom Haus, gelangweilt von ihm! Manfred kam von der Arbeit nach Hause und fand zwei zerrissene Bahnfahrkarten nach Paris und einen Zettel auf dem Küchentisch: »Ich habe dich verlassen. Ich brauche Romantik in meinem Leben. Sonja. PS: Vergiss nicht, Zarina nach der Schule vom Taekwondo abzuholen, du bist an der Reihe.«

Manfred und Sonja ist nicht gelungen, die Romantik, die sie einmal hatten, wiederzubeleben. Manchmal ist es für Eheleute besser, sich beim Erreichen der mittleren Jahre zu trennen, wenn sie durch die Stürme des Familienlebens tatsächlich zu Menschen mit *unüberbrückbaren Differenzen* geworden sind. Es gibt das Sprichwort: *Die Ehe ist ein Bankett, das mit dem Nachtisch anfängt.* Wenn das stimmt, dann sind wir nach fünfzehn oder zwanzig Jahren bei der Suppe. Die Frage stellt sich: Ist sie noch warm? Wenn nicht, dann wirken zweite Flitterwochen vielleicht auch nur wie zwei Minuten in der Mikrowelle.

Carolin und ich sind nach Paris gefahren. Dieser Ausflug waren unsere zweiten Flitterwochen. Die Reise war allerdings eine Katastrophe. Sie begann mit einem Glas Champagner nach dem Verlassen des Bahnhofs, wurde dann aber, nach mehreren Verspätungen und Zugausfällen, zu einer unbequemen Busfahrt durch Pariser Vororte, gefolgt von einer anstrengenden Suche nach unserem Hotel durch das romantischste, aber am schlechtesten ausgeschilderte Viertel von Paris. Der Portier war nicht sehr glücklich, uns zu sehen, und teilte uns mit, dass unser Zimmer noch nicht bereit sei, wir unser Gepäck im Hotel lassen und später wiederkommen könnten. Ein paar Stunden danach, als ich Mona Lisa ins Auge starrte, wusste ich, dass unsere zweiten Flitterwochen, geplant als romantische Rückkehr in unsere Jugend, schon jetzt zu einer Sightseeing-Tour in den mittleren Jahren geworden war. Am gesamten Wochenende haben wir uns nicht einmal geliebt. Allerdings war das das erste, was wir taten, als wir wieder zu Hause waren. Romantik in den mittleren Jahren ist viel komplizierter, als es uns die Reisekataloge weismachen wollen.

Ich nehme an, die einfache Wahrheit ist, dass man mit der richtigen Person verheiratet sein muss, damit eine Ehe auch in den mittleren Jahren noch funkelt. Was das anbetrifft, habe ich Glück gehabt. Ohne Carolin wäre die Ehe unerträglich. Jürgen und Gerbog sind zusammengeblieben, als die Kinder ausgezogen waren, und führen jetzt, wie ich vermute, eine Ehe ohne Liebe. Diese Vermutung begründet sich darin, dass Jürgen mir auf die Frage, wohin die beiden denn zur Silberhochzeit fahren wollten, antwortete, dass er Brügge vorgeschlagen habe – in der Hoffnung, dass die Stadt sich als so langweilig entpuppen würde, dass die beiden endlich wieder mit dem Sex anfangen würden. Bei ihrer Rückkehr zwinkerte ich ihm zu und fragte, wie es gelaufen wäre. Er antwortete:

»Brügge hat mehr als 20 Kirchtürme. Wir sind auf alle hinaufgestiegen.«

Sollten Sie sich, aus welchem Grund auch immer, in den mittleren Jahren plötzlich als Single wiederfinden, müssen Sie den Balztanz wieder von Neuem beginnen. Und was läge da näher, als sich bei einer Dating-Internetseite zu registrieren? Keine andere Branche hat so vom Internet profitiert wie das Dating-Business. In den Siebzigern war eine Kontaktagentur nichts anderes als ein Eskortservice für sozial gehemmte Männer in den mittleren Jahren, die noch mit ihren Müttern lebten – Männer, deren Selbstbewusstsein so gering war, dass sie schon bei der Vorstellung, mit einer Frau etwas trinken zu gehen, weiche Knie bekamen. Nachdem sie einen Fragebogen über ihre Interessen ausgefüllt hatten, überließen sie es der Agentur, eine kompatible Partnerin für sie zu finden. Das Resultat war in der Regel ein Mann, der einer Frau in einer Bar gegenübersaß und sie mit der Beschreibung seiner großen Leidenschaft langweilte: Skulpturen aus Käse schnitzen.

Das Internet hat das Dating-Spiel in den mittleren Jahren völlig verändert. Heutzutage haben die meisten Singles über 40, sowohl Männer als auch Frauen, schon online geflirtet und was einmal jede Unterhaltung ins Stocken brachte: »Mein Partner und ich haben uns durch Internet-Dating kennengelernt«, ruft jetzt ein wissendes Lächeln hervor: »Ihr auch?«. Was einmal eine Broschüre für Mauerblümchen war, ist jetzt ein Bringservice für ganze Bouquets. Da Internet-Dating nicht passiv, sondern interaktiv ist, ist die Chance, damit Erfolg zu haben, je größer, je kontaktfreudiger und selbstsicherer man ist. Nicht die Agentur sucht den Partner aus, man selbst tut es. Sie veranstalten die eigene Online-Casting-Show und der erste Preis ist ein Date mit Ihnen selbst.

Viktor ist zum Internet-Dating-Junkie geworden. Vorher hatte er verschiedene Methoden ausprobiert, Frauen kennenzulernen: Speed Dating (innerhalb von fünf Minuten herausfinden, was sie gemeinsam mögen). Speed Hating (innerhalb von fünf Minuten herausfinden, was sie gemeinsam hassen). Gay Dating (die Tatsache, dass Viktor nicht schwul ist, konnte ihn nicht von dem Vorhaben abbringen, ein Date zu gewinnen). Dating in the Dark (da wird nur geredet und nichts gesehen). Silent Dating (da wird nur gesehen, nicht geredet). Ein Sadoma-so-Date wurde zum Fiasko, da Viktor die Rollenzuteilung von des Dominanten und des Unterwürfigen verwechselt hatte. Als er seiner Date-Partnerin sagte: »Halt den Mund! Ich bestelle die Drinks!«, stach sie ihm mit einer Gabel in die Hand. Seitdem bleibt Viktor in der Sicherheit seiner virtuellen Welt, optimiert ständig sein Profil und flirtet mit umwerfend attraktiven Frauen, in deren Liga er nicht annähernd spielt, und vermeidet strikt, dass diese aufregende Illusion durch die raue Realität eines tatsächlichen Treffens zerstört wird.

Doch um in den mittleren Jahren weiter das Dating-Spielchen mitzumachen, muss man nicht geschieden, getrennt oder einfach nur allein sein. Wenn die Kinder nicht mehr den ganzen Tag zu Hause sind, weil sie jetzt ihr eigenes Leben führen, wird sich ein Paar fragen: Wann haben wir beide eigentlich das letzte Mal Zeit nur für uns zwei gehabt? (Der Termin beim Tierarzt zur Sterilisation der Katze zählt nicht.) Aber ganz egal, ob man ein Date mit jemandem aus dem Internet hat, ob man dazu gezwungen ist, ein Abendessen mit einem weiteren Single in den mittleren Jahren durchzustehen, weil die Freunde denken, ihr zwei würdet ein gutes Paar abgeben, oder ob man die romantische Beziehung mit der eigenen Gattin wieder aufwärmen möchte – es gibt einige grundlegende Regeln für Dating in den mittleren Jahren.

Ein Dinner mit Kerzenschein ist natürlich die romantischste Verabredung – aber nicht, wenn zwei Menschen versuchen, miteinander zu flirten, während sie mit Zahnstochern in ihrem Mund herumpulen. In den mittleren Jahren zieht sich das Zahnfleisch zurück, also bleibt Essen, vor allem Fleisch, gerne zwischen Zahnfleisch und Zähnen stecken. Bleiben Sie also bei Nudeln und anderen weichen Speisen. Salat ist eine Katastrophe, denn immer wenn Sie lächeln, sehen Sie aus wie ein Pferd, das gerade einen Strauß Petersilie aufgefressen hat.

Auch Tanzen gehen ist keine gute Idee: Männer in den mittleren Jahren denken, dass sie auf der Tanzfläche immer noch die geschmeidige Beweglichkeit ihrer Jugend haben. Doch selbst in ihrer Jugend sahen sie eher aus, als würden sie unter Veitstanz leiden.

Saunen, Schwimmbäder und alles andere, was mit Nacktheit zu tun hat, ist ebenfalls keine gute Idee. Die Gründe dafür liegen auf der Hand.

Dasselbe gilt für eine Verabredung, bei der man über einen längeren Zeitraum aufrecht stehen muss. Eines der merkwürdigsten Symptome der mittleren Jahre ist, dass wir zwar noch so einige körperliche Kunststücke vollbringen können, wir uns aber vor Rückenschmerzen krümmen, wenn wir länger als eine Minute stehen müssen. Man vermeide also Konzerte (außer es gibt Sitzplätze), Sportereignisse (da gilt dasselbe) und Kunstgalerien (nach einem kürzlich erfolgten Besuch des Museum Ludwig in Köln hatte ich so viele orthopädische Beschwerden, als hätte ich an einem Triathlon teilgenommen).

Wenigstens das Kino ist eine sichere Bank. Natürlich ist nebeneinander zu sitzen und einen Film anzusehen nicht die ideale Art, jemanden kennenzulernen. Das Kino ist allerdings der perfekte Ort für ein verheiratetes Paar, denn durch den Film werden sie endlich wieder etwas haben, über das sie reden können.

\*\*\*

»Ihr wisst, dass es ein Blind Date war, oder?«

Jürgen und ich nicken eifrig, während wir Bierflaschen öffnen und sie am Tisch verteilen. Manfred hat wieder einmal einen Blind Date gehabt. Jürgen und ich waren deswegen schon den ganzen Tag aufgeregt. In der Sicherheit unserer in die Jahre gekommenen Ehen geben uns Manfreds romantische Abenteuer den nötigen Pfeffer. Auch Viktor kann kaum erwarten zu erfahren, wie es ausgegangen ist – er hat mit mir um 50 Euro gewettet, dass Manfred gleich bei seinem ersten Date Erfolg haben wird.

»Tja, ich warte also in dieser Tapas-Bar und plötzlich kommt Sonja rein.«

Wir sind verwirrt. »Du meinst also, Sonja hat's rausgefunden?«

»Versteht ihr nicht? Sonja *war* mein Date. Sie hat sich auch bei supasingles.de angemeldet.«

»Was hast du getan?«

»Wir hatten keinen Sex auf dem Klo. Wir haben etwas getrunken und über Zarinas Zeugnis geredet.«

Viktor knallt seinen 50-Euro-Schein vor Manfred auf den Tisch.

»Tja, Kumpel, du bist am Arsch. Es gibt nur eine Frau auf der Welt, die zu dir passt, und von der bist du schon geschieden.«

# Zu alt für Rock 'n' Roll, zu jung für Wassergymnastik

»Legen Sie den Arm über die Schulter des Sargträgers neben Ihnen, so vermeiden Sie, dass der Sarg zwischen Ihnen herunterfällt.«

Wir haben einen Sarg auf den Schultern, Jürgen und Viktor vorne, Manfred und ich hinten. Der Bestatter gibt laute Anweisungen, während wir in seinem Ausstellungsraum umherschwanken. Das hier ist die Probe und der Sarg ist leer. Ich mühe mich gemeinsam mit den anderen ab und frage mich, wie wir die Sache morgen mit einem Rest von Würde durchziehen können, wenn es ans Eingemachte geht – bei der Beerdigung von Carolins Vater Dieter.

\*\*\*

Das Lieblingsfoto aus meiner Kindheit ist schwarzweiß. Ich bin zwei Jahre alt und stehe stolz zwischen meinen Eltern. Was mich heutzutage beeindruckt – abgesehen von der Tatsache, dass ich im Alter von zwei Jahren, mit

Cowboyhut und klatschroten Windelhosen bekleidet, auf dem Höhepunkt meines guten Aussehens und meiner männlichen Anziehungskraft war –, ist, wie jung meine Eltern aussehen. Sie sind selbst nicht viel älter als Kinder. Die Nachkriegsarmut war durch einen neuen Optimismus ersetzt worden. Ermutigt durch den Wirtschaftsaufschwung im Westen, Rock'n'Roll und Sex-Handbücher, bekamen die meisten in der Generation meiner Eltern Anfang zwanzig den ersten Nachwuchs.

50 Jahre später reitet diese goldene Nachkriegsgeneration immer noch auf einer Welle des Wohlstands, was ihre Lebenserwartung drastisch verlängert hat. Unsere Eltern sind eine Generation von aktiven Rentnern, die ihren Fokus nicht mehr auf Entspannung, sondern auf Fitness legen. Dank der Fortschritte in Medizin und Ernährung haben sie, ähnlich wie eine genetisch modifizierte Avocado, ihr Haltbarkeitsdatum verlängert.

Immer wenn ich Dieter gesehen habe, war ich überzeugt, dass das Alter sehr viel mehr Spaß bietet als die Lebensmitte. Ich habe ihn beneidet. Endlich kinderfrei und im permanenten Aktiv-Urlaub mit seinen Hobbys beschäftigt: Japanisch lernen, River Rafting, Rohkost kochen. Und wie oft hat er seine 20-Kilometer-Fahrrad-Runde unterbrochen, um bei uns vorbeizukommen und mir begeistert von einem neuen Projekt zu erzählen? Zuletzt von der Entwicklung eines Rollators mit GPS-System. Die Website dafür hatte er schon entworfen, während ich noch immer nicht die Zeit gefunden hatte, Bennis Fahrrad zu reparieren.

Diese Kombination aus früher Vermehrung und verlängerter Lebenserwartung hat für unsere Eltern nur einen Nachteil: Die deprimierende Aussicht, die eigenen Kinder alt werden zu sehen. Sie müssen Zeuge werden, wie ihre Töchter und Söhne vom Gipfel jugendlicher Hoffnung in das Jammertal der Enttäuschungen und der Resignation der mittleren Jahre absteigen. Während man in der Generation vor ihnen gerade einmal alt genug wurde, um die eigenen Enkel zu sehen, verbringen sie mehr als zwanzig Jahre damit, sich vor ihnen zu verstecken.

Der Effekt auf unsere Generation ist, dass wir nie wirklich erwachsen werden. Schließlich ist das Ereignis, das jemanden in das Erwachsenenalter wirft, nicht unbedingt die Geburt des eigenen Kindes, sondern der Tod der eigenen Eltern. Erst dann wird man der Familienälteste. Mama und Papa sind jetzt nicht mehr die Autoritätspersonen im Leben, man selbst ist jetzt derjenige, an den sich jeder wendet.

Wir sind die erste Generation, deren Eltern, anstatt in unserem frühen Erwachsenenleben zu verschwinden, bis in unsere späten mittleren Jahre weiterleben. Und sie kritisieren weiterhin unseren Freundeskreis, unseren Lebensstil und unseren Umgang mit Geld. Damals mussten wir Predigten über unsere Freundin, die sich oben ohne sonnte, und unser überzogenes Konto über uns ergehen lassen, heutzutage müssen wir mit anhören, wie die Badekleidung unserer Kinder und unser noch immer überzogenes Konto kritisiert werden. Das macht beiden Seiten keinen Spaß. Während wir tolerieren müssen, dass sich unsere Eltern auch noch in unseren Fünfzigern bei uns einmischen, müssen sie unseren Verfall mit ansehen.

Wir bleiben ihre Kinder, aber wir sind Kinder mit grauem Haar, Hängetitten und Speckbäuchen. Die Langlebigkeit unserer Eltern macht uns zu ewigen Teenagern, und wie ein Teenagerpärchen warten wir noch immer darauf, dass unsere Eltern zu Bett gehen, so dass wir noch ein wenig Zeit alleine haben. Aber unsere Eltern sitzen stur in ihren Sesseln, bis wir selbst aufgeben und jeder für sich allein ins Bett geht.

Und so überdehnen wir unsere Entscheidung, nicht wie sie auszusehen und sich nicht wie sie zu verhalten bis in die mittleren Jahre. Kein Wunder, dass wir in unseren Vierzigern und Fünfzigern in einer Retrospektive der Teenagerrebellion gefangen sind, verloren in einer Welt aus Jeans, T-Shirts und schlechter Popmusik. Und genau wie bei Teenagern konkurriert unsere Rebellion hoffnungslos mit dem Bedürfnis, unseren Eltern zu gefallen. Wir haben uns entschlossen, niemals den Fehler unserer Eltern zu wiederholen und eine Wohnung zu kaufen, also können wir auch nicht vor Stolz glühen, wenn sie uns irgendwann genau dazu gratulieren.

Als ob das nicht genug wäre, haben wir die Sache dadurch verschlimmert, dass wir unsere Kinder spät im Leben bekommen haben. Genau so wie Wohlstand und ein optimistisches Lebensgefühl unsere Eltern ermutigt haben, in jungen Jahren eine Familie zu gründen, haben uns ökonomische Unsicherheit und ein pessimistisches Lebensgefühl so eingeschüchtert, dass wir den Start ins Familienleben vertagt haben. Es ist schwierig, mit Enthusiasmus eine Familie zu gründen, wenn man sich mit Berichten über Umwelt- und Wirtschaftskatastrophen, gefolgt von einer Invasion von Darth Vader und der dunklen Seite konfrontiert sieht.

Worum ich die Generation meiner Eltern am meisten beneide, ist ihre feste Überzeugung, dass ihre Kinder einst in einer besseren Welt leben würden. Wir leben in einer Gesellschaft, die ihre besten Zeiten ganz offensichtlich hinter sich hat. Auch in der Vergangenheit gab es Rezessionen und Depressionen, Naturkatastrophen, schreckliche Kriege, aber nicht dieses Gefühl von stetigem Niedergang, das uns heute auf Schritt und Tritt begleitet.

Anders als der soziale Zusammenhalt macht die Medizin allerdings stetige Fortschritte. Fortschritte, die unseren Eltern ein längeres Leben ermöglichten, doch mehr als alles andere haben sie unseren Aufschub in Sachen Familiengründung erleichtert. Heutzutage kann eine Frau noch mitten in den Vierzigern schwanger werden. Das macht die Geburt oftmals sehr viel dramatischer – sie beginnt zu Hause in einer warmen Badewanne und mit ein paar Kerzen und endet 16 Stunden später in einem Krankenhaus mit genug Technologie, um ein Leben auf einem fremden Planeten zu beginnen. Dieselbe Technologie hat die Phase nach der Geburt kompakter gemacht, die Stillzeit kommt jetzt direkt vor der Menopause. Eine Frau, die sich einen Still-BH (*Stillen mit Style!*) kauft, besorgt sich am nächsten Tag Kühlkissen gegen Hitzewallungen.

So sind wir zu einer Sandwich-Generation, eingequetscht zwischen unsere Eltern und unsere Kinder. Jeder Vater in den mittleren Jahren ist der Prince Charles seiner Familie. Unsere Eltern sind immer noch die königlichen Hoheiten, die die Kronen und Szepter tragen, auf die wir schon seit so langer Zeit warten. Wenn unsere Söhne erwachsen werden und wie William eine Prinzessin heiraten, warten wir immer noch. Und wie bei Charles hat unser Sohn wiederum einen Sohn, die Taufe wird fast zur Krönung, das offizielle Foto unseres Sohnes, seiner Frau und ihres Sohnes zeigt der Welt die neue Königsfamilie. Genau wie Charles stehen wir irgendwo im unterbelichteten Hintergrund, im Schatten des Familienlebens. Es ist unser Schicksal, nicht König zu werden, sondern der tattrige, alte Kammerdiener.

Wenn wir das Familienvermögen erben, liegen Investitionen und Aufteilung in unseren Händen. Das ist einer der wichtigsten Faktoren, die das Erwachsensein definieren, ganz gleich, ob es um Millionen geht oder Papas »Bitte nicht stören«-Hoteltür-Schildchensammlung. Man muss vor niemandem Rechenschaft ablegen, was man damit anfängt. Man hat volle finanzielle Verantwortung. Wenn man die Erbschaft verschwenden möchte, hat man das Recht dazu. Im Laufe der Geschichte hat eine Generation ihren Reichtum immer an die nächste weitergegeben, normalerweise zu Beginn der mittleren Jahre. Bis zu unserer Generation. Die Weigerung unserer Eltern, zur rechten Zeit zu sterben, hat das Erbe, das unser Familienleben finanzieren sollte, vertagt. Geld, das in einen Hauskredit, ein Familienauto und eine Siamkatze investiert werden sollte, wird mit Designer-Rollatoren, Treppenliften mit Turboantrieb und Kreuzfahrten durch die Karibik verplempert.

Unsere Generation ist die erste, die sich ständig etwas von ihren Eltern leiht, anstatt je zu erben. Gibt es ein elenderes Beispiel für die Abhängigkeit des Teenagers von den Eltern, als Mama und Papa um Geld zu bitten? Es ist ein entwürdigendes Ritual, die Peinlichkeit der Verhandlungen wird durch die Tatsache verstärkt, dass man nie sicher ist, ob man um ein Geschenk oder ein Darlehen bittet. Man endet mit einem gemurmelten »Danke, irgendwann zahl ich's zurück …«. Und aufgrund dieser Entwürdigung bitten wir in der Regel um zu wenig Geld, so dass wir ein weiteres Mal betteln müssen – wobei unsere Eltern als Anteilseigner in unseren Angelegenheiten mitmischen wollen. Sie haben sich das Recht erkauft, ihre Meinung kundzutun, nicht nur bei dem, für das man das Geld geliehen hat, sondern für alle Bereiche des Lebens. 2000 Euro für einen Familienurlaub auf Kreta kauft ihnen das Recht, zuerst auf Holidaylet.com nachzuschauen, ob ihnen das Hotel gefällt. 3000 Euro für eine neue Küche bedeutet, dass man ihnen ein Foto mailen muss, damit sie der Farbe der Schränke zustimmen.

Als unserer beider Eltern noch lebten, wobei ihre wohlhabender waren als meine, bat Carolin Dieter einmal um ein Darlehen für die Renovierung unseres Badezimmers, das inzwischen einem Gemeindebad aus dem Mittelalter glich. Dieter war sehr großzügig und lieh uns das Geld ohne großes Getue. Als jedoch die Arbeiten begannen, besuchte er uns immer öfter, wobei er jedes Mal im Bad verschwand, um mit den Handwerkern zu diskutieren. Es kam so weit, dass mir die Handwerker, als ich ihnen sagte, dass ich gerne ein Bidet hätte, erklärten, darüber müssten sie erst mit Dieter reden. Dieter stolzierte in der Wohnung umher, blieb ab und zu stehen, um etwas zu betrachten, schüttelte den Kopf und machte ts-ts-ts. Wenn wir uns unterhielten, unterbrach er mich stets und begann einen Vortrag. Dieter, der weltgrößte Expert auf dem Spezialgebiet: Alles. Autopflege, Gartenbau, Fußball, Mieterrechte, Renovierungen, Finanzen, Kochen, Wein und die besten Tipps für seinen Enkel. Meinen Sohn.

Es war besonders ärgerlich, dass Benni, bevor er vor kurzem ausgezogen ist, seinen Großvater und dessen Besuche bei uns vergötterte. Die beiden gaben sich einen High Five, bevor sie in Bennis Zimmer verschwanden. Schon das war verblüffend, denn der Eintritt in Bennis Zimmer ist noch strenger reglementiert als der Zugang zur Verbotenen Stadt in Peking. Wenn ich dann anklopfte und mit einem Tablett mit Chips und Cola das Zimmer betrat, hörten die beiden auf zu reden und spielten konspirativ schweigend auf der X-Box weiter.

Natürlich sind viele in unserer Generation nicht abhängig von den Eltern. Wir haben gutbezahlte Jobs, unser Beruf macht uns autark, manchmal sogar wohlhabend. Aber wie viele von uns schaffen das nur, indem sie rund um die Uhr arbeiten, während unser Partner dasselbe tut? Warum setzen viele von uns das Familienleben unter enormen Druck und sparen ein Erbe an, wenn die Kinder doch ohnehin von ihren Großeltern erben werden? Denn obwohl wir in einer Teenager-Retrowelt leben, sind wir Erwachsene mit Stolz und Verantwortungsgefühl. Wir machen zwar selbst nicht mehr beim *Wie-viele-Nutella-Brote-kann-man-in-einer-Minute-essen-Wettbewerb* mit, aber wir bleiben die ganze Nacht auf, um die Nutella-Brote für unsere eigenen Teenager zu schmieren, die mitmachen, und morgen werden wir früh im Büro sein, so dass wir uns genug Nutella für die Kinder unserer Kinder leisten können, wenn sie dann bei diesem Wettbewerb mitmachen werden. Das ist es, was uns durch unsere unsubventionierten mittleren Jahre treibt, genau dann, wenn uns unser Körper sagt, wir sollten endlich ein Häuschen auf dem Lande mieten – und ein Rezept für hausgemachte Nutella erfinden.

Vielleicht wird auch unser Leben leichter sein, wenn wir einmal Rentner sind. Vom Druck des Familien- und Arbeitslebens befreit werden auch wir unbeschwerte *Action-Rentner* sein, die keinen kurzen zweiten Frühling, sondern einen langen *Indian Summer* genießen. Sogar im Winter werden wir aktiv sein, nicht, indem wir Socken vor dem Kaminfeuer stricken, sondern auf einer Red-Bull-Senioren-Snowboarding-Tour. Doch in Anbetracht des Scheiterns der staatlichen Rente und des Finanzcrashs, der die wenigen Ersparnisse, die wir hatten, aufgefressen hat, sieht unsere Skepsis angesichts der Zukunft wohlbegründet aus. Trotz des pikanten Beispiels der heutigen goldenen Generation sehe ich mich selbst im Alter durch die hallenden Flure einer großen, anonymen Institution wandern, gemeinsam mit anderen Insassen, die mit ihren Gehhilfen (wahrscheinlich von Dieters GPS-System geleitet) auf der Suche nach dem Informationstresen sind. Ich werde das Gefühl haben, den Verantwortlichen sagen zu müssen, dass ein schrecklicher Fehler unterlaufen ist, dass ich hier nicht hingehöre. Ein paar

Ordnungskräfte in weißen Kitteln, die meine Proteste ignorieren, werden mich zu den Plastikstühlen an der Wand begleiten, wo ich sitzen und warten werde, ab und zu werde ich den Vorübergehenden noch einen schwachen Protest zuwispern: »Ich gehöre hier nicht hin …«

Die heutige Seniorengeneration ist wahrscheinlich die letzte, die mit einer fetten Rente den Sonnenuntergang genießt. Vielleicht werden einige von uns auch in einem schönen Altersheim leben dürfen, aber bei der Aqua-Gymnastik wird das Wasser trotzdem sehr viel kälter sein.

Während als Ursache für die Midlife-Crisis in der Regel die Furcht vor dem nahenden Tod angenommen wird, gibt es einen noch größeren Schrecken: die Erkenntnis, dass man sich in die eigenen Eltern verwandelt. Als Erstes bemerkt man das an der Art, wie man mit den Kindern spricht. Phrasen wie »Dieses Haus ist kein Hotel«, »So angezogen gehst du nicht vor die Tür« und »Als ich in deinem Alter war, hatte ich nicht einmal meinen eigenen Bleistiftanspitzer, ganz zu schweigen von einem iPod« sind kleine Puzzleteile dieses Drehbuchs. Außerdem kopiert man die Verhaltensmuster der eigenen Eltern und jedes kleine Detail beweist die Verwandlung von Dr. Jekyll in Mr. Hyde: Man verstreitet sich mit den Nachbarn, mit denen man sich einst so gut verstanden hat. Man sitzt aufrecht mit gekreuzten Armen auf einem Stuhl. Man legt eine Decke auf die Rückbank des Autos und macht auf langen Autofahrten kleine Pausen, um sanfte Dehnübungen zu machen. Man kauft sich einen Liegesessel mit eingebautem Fußbänkchen. Man trägt die Lesebrille mit einem Kettchen um den Hals, nachdem man sie zuvor mehrmals verloren hat. Man erzählt denselben Leuten immer wieder dieselbe Geschichte, wie man sich einmal nachts ausgeschlossen und versucht hat, in die eigene Wohnung einzubrechen.

Dann kommt der Morgen, an dem man in den Spiegel schaut und an dem der Schrecken eine völlig neue Dimension erreicht. Man verwandelt sich auch körperlich in die eigenen Eltern. Zuerst noch aus einem bestimmten Winkel und mit dem richtigen Licht, aber es gibt keinen Zweifel daran. Die Art, wie sich das Gesicht vergrößert hat – Kinn, Nase und Ohren. Und was ist mit dem Haar passiert? Es ist jetzt trocken und spröde. Dann richtet man den Blick nach unten, auf die Füße. Gütiger Himmel! Es ist noch schlimmer! Man verwandelt sich in die eigenen Großeltern!

Eines Abends saßen Carolin und ich im Bett. Sie löste ein Kreuzworträtsel, ich las eine Biographie über Winston Churchill. Sie trug ein langes Nachthemd, ich einen Schlafanzug. Seit wann waren wir nicht mehr nackt? Die Metamorphose war abgeschlossen. Ich hatte mich in meinen Vater verwandelt und Carolin in ihre Mutter. Kein Wunder, dass wir in der letzten Zeit so wenig Sex gehabt hatten. Zwischen meinem Vater und Carolins Mutter fehlt, wie man in Hollywood sagt, im Bett *die Chemie*.

Es gibt schlimmere Dinge, in die man sich verwandeln könnte. Wenn wir unsere Eltern betrachten, müssen wir zwei Punkte zugeben: Erstens haben sie es gar nicht so schlecht gemacht. Ein kleines Haus kaufen, eine sichere Arbeit behalten, dafür sorgen, dass wir unseren Abschluss machen, sorgfältig für das Alter sparen, all das, wofür wir sie als Jugendliche gehasst haben, ist zu dem geworden, was wir an ihnen bewundern. Sie haben die Welt nicht aus den Angeln gehoben, sondern die bescheidene Würde eines guten Lebens gewählt. Während wir in einem Sturm der Ungewissheit und Unsicherheit versuchen, unsere Arbeit und unsere Familie zusammenzuhalten, lernen wir langsam, was für einen Wert das hat.

Und zweitens: Wo nehmen sie die Energie her? In unseren Vierzigern und Fünfzigern sind wir schon komplett alle. 70+ sollte der Name für einen neuen Energy-Drink sein. Diese Best Ager erreichen neue Energiedimensionen, statt lebensmüde zu werden, während sie von den mittleren Jahren in das hohe Alter wechseln. Von Sorgen und Verantwortung befreit, wird das Leben eine einzige Ü-70-Party. Dieters bester Freund Thomas ist ein Jahr jünger als Dieter und hat eine Freundin. So nennt er sie, *meine Freundin*. Die Frau ist 78! Thomas sagt mir, seine greise Libido sei entflammt und er fühlt sich wieder wie 18. Wenn ich das höre, fühle ich mich wie 107. Während er das Hohelied der Liebe singt, halte ich ihm einen ziemlich muffigen Vortrag über die hohen Kosten, die auf einen zukommen, wenn man sich mit älteren Menschen einen Kfz-Versicherungsvertrag teilt. Sie planen einen Safariurlaub in Zambia! Mein Güte, was kommt als Nächstes? Bunji-Jumping vom Matterhorn? Aber alles Gute hat sein Ende.

\*\*\*

»Er fängt uns auf, wenn wir fallen, und bewahrt uns vor jedem Übel, bis wir uns voll Freude in seine himmlische Gemeinschaft begeben …«

Der Priester nickt uns zu. Wir vier stehen auf und gehen langsam durch den Mittelgang, durch die mit Verwandten, Freunden und vage bekannten Gesichtern gefüllten Bänke. Carolin lächelt mich aus der ersten Reihe tapfer an. Der Sarg ist vor dem Altar aufgebaut. Wir nehmen unsere Positionen ein. Der Sarg liegt tiefer auf den Laufrollen, als wir erwartet hatten, noch unter der Gürtellinie, also müssen wir uns alle nach vorne beugen, um ihn auf die Schulter zu hieven. Einer furzt.

Viktor ist der erste, der zu kichern anfängt, Manfred und ich sind die nächsten. Jürgen hält es am längsten aus, bevor er eine Reihe von Schnaufern vom Stapel lässt, die uns von Neuem anstecken. Der Gedanke, dass die Gemeinde hinter uns auf die schwarz gekleideten Hintern von vier Männern, die sich mit bebenden Schultern über einen Sarg beugen, starrt, macht die Sache noch schlimmer. Panisch, aber immer noch lachend, stemmen wir den Sarg hoch, stolpern in den Gang, wursteln uns irgendwie in Richtung Pforte und geben einem der Assistenten des Bestatters auf dem Weg nach draußen aus Versehen einen Kopfstoß.

Offenbar bringt es mein Schwiegervater auch nach seinem Tod noch fertig, dass ich mich wie ein Teenager fühle und verhalte.

# Neustart!

»Talkin' 'bout my … generation!«

Viktor lässt die Becken scheppern und markiert damit das Ende des zusammengewürfelten Programms, bei dem sein dröhnendes Getrommel Jürgen, Manfred und mich durch eine halbe Stunde stümperhaft gespielter Cover-Versionen geschurigelt hat, so wie ein feister Türsteher drei Betrunkene durch einen schmalen Gang zum Ausgang der Disko schiebt.

Meine ungeübte Stimme, die zu einem heiseren Krächzen geworden ist, dankt all unseren Freunden, die sich in die enge Kneipe gedrängt haben, dass sie gekommen sind. Sie jubeln wohlwollend, einige leicht ironisch.

Diese Ironie geht an Viktor komplett vorbei. Er steht hinter seinem Schlagzeug und reißt die Arme in die Luft, als hätte er gerade zwei Stunden mit Led Zeppelin auf der Waldbühne gespielt. Wir anderen lächeln verlegen.

Dies war das erste und auch letzte Konzert von *Forever Jungs*. Nur einen Abend lang waren wir raus aus dem Hobbykeller und live auf einer Bühne. Die Band hat endlich auf die Maxime der mittleren Jahre reagiert: *Das Leben ist keine Probe.*

\*\*\*

Der Grund dafür, dass sich *Forever Jungs* in die Öffentlichkeit gewagt hat, war Jürgens und Mechthilds Abschiedsparty. Jürgen hatte plötzlich verkündet, dass er sein Optikergeschäft schließen, sein Haus verkaufen und als Entwicklungshelfer nach Bhutan gehen würde. Mechthild hat sich ebenfalls auf dieses »Projekt« gestürzt und sich bei einem Kurs an der Universität von Thimphu eingeschrieben, damit sie Jürgen bei seiner neuen Karriere als Dorfoptometrist im Vorgebirge des Himalaya unterstützen kann.

Es kam nicht überraschend, dass einer von uns sich zu einem radikalen Schritt entschieden hat und das Leben in den mittleren Jahren komplett umkrempeln will. Die Überraschung ist, dass es Jürgen war. Jürgen war für uns immer der konservative, vernünftige ältere Bruder gewesen, während Manfred, Viktor und ich mit unseren Zweifeln, unseren beruflichen Unsicherheiten und unseren Beziehungen haderten. Im Vergleich dazu war Jürgen, der glücklich verheiratete Optiker, immer gelassen, er war ein Mann, der die Midlife-Crisis schon hinter sich gelassen hatte, falls er überhaupt einmal eine gehabt hatte. Sein perfekt ausgeglichenes Leben mit seinen perfekt ausgeglichenen erwachsenen Kindern und das stabile Geschäft hatten auf einen ruhigen Spaziergang in Richtung Rente hingedeutet.

Vielleicht war es gerade diese Vorhersehbarkeit seines Lebensendes, die Jürgen zu seiner Entscheidung katapultiert hat. Vielleicht waren die leeren Stockwerke über seinem Hobbykeller, die nur noch von den Gespenstern seines Familienlebens bevölkert waren, zu einem Loch geworden, das mit weiteren Hobbys oder Trophäen nicht mehr gestopft werden konnte.

Die mittleren Jahre sind unsere letzte Chance für einen Neustart: Wenn man es tun will, muss man es jetzt tun. Doch auch wenn ich diese drastischen Veränderungen bewundere, bleibe ich skeptisch. Wird man das eigene Unwohlsein in den mittleren Jahren tatsächlich los, wenn man seine Arbeit aufgibt und Fremdenführer in Costa Rica wird? Ich denke eher, dass dieses plötzliche Bedürfnis nach radikaler Änderung von dem Gefühl ausgelöst wird, dass das Leben einfach vorbeirauscht. Seit ich in meinen Fünfzigern bin, verfliegt die Zeit. Jedes neue Jahr scheint immer schon schneller vorbei zu sein als das letzte – man hat die Geschichte schon über 50-mal mitgemacht und die Änderungen sind immer vertrauter. Außerdem kann ich mich immer weniger an das erinnern, was in einem bestimmten Jahr passiert ist, bis die letzten zwölf Monate wie ein leeres Regal mit den Buchstützen »Frohes neues Jahr!« und »Stille Nacht, heilige Nacht!« an den beiden Enden sind.

Es ist nichts Besonderes, wenn man beim Ausfüllen einer Kreditkartenabrechnung nachfragt, wie das Datum lautet. Manchmal muss ich kurz innehalten, um in aller Ruhe zu überlegen, welches Jahr es ist. Natürlich bin ich nicht ganz ahnungslos, aber es gibt immer diese leichte Unsicherheit, ob es noch letztes oder schon dieses Jahr ist. Oder ich überreagiere panisch und schreibe schon das nächste Jahr hin.

Als ich noch ein Schuljunge war, waren die Sommerferien eine endlose, heiße Wüste aus Zeit, in der das neue

Schuljahr wie eine Schimäre irgendwo weit am Horizont erschien. Im absoluten Gegensatz dazu fühlten sich Bennis Schulferien mehr und mehr wie eine kurze Pause zwischen dem Ranzen-Absetzen und dem Ranzen-Wiederaufsetzen an. In seinem letzten Schuljahr waren die Sommerferien vorbei, bevor er die Zeit hatte, die Badehose zu wechseln.

Nicht bloß Jahre, ganze Jahrzehnte fehlen inzwischen in meinem Gedächtnis. Auf der einen Seite sind mir gewisse Ereignisse aus den 80ern und sogar das Jahr, in dem sie passiert sind, sehr präsent. Auf der anderen Seite sind die Nuller-Jahre genau das: null. Die Erinnerungen an frühere Jahrzehnte sind in meinem Kopf gut sortiert wie Fotografien auf der Kommode. Die Erinnerungen an mein Familienleben in den mittleren Jahren sind so ungeordnet wie die digitalen Schnappschüsse, die irgendwo auf der Computerfestplatte herumgeistern. Wenn ich sie betrachte, habe ich keine Ahnung, auf welchem Strand wir sind, wie alt mein Sohn ist und mich selbst kann ich erst recht nicht wiedererkennen. Das alles trägt zu dem Gefühl bei, dass die Geschwindigkeit des Lebens außer Kontrolle gerät. Daher rührt die Überzeugung, dass nur ein radikaler Lebenswandel die Lösung sein kann.

»Manchmal stelle ich mir vor, alles hinzuschmeißen. Etwas ganz anderes zu machen ...«

Manfred isst verdrießlich seine Pizza und hört sich traurig *Nevermind* von Nirvana an. Auch Viktor und ich essen verdrießlich unsere Pizza und hören uns traurig an, was Manfred zu sagen hat. Manfred arbeitet für eine sehr wettbewerbsfähige Firma, die Werbung im Internet verkauft. Als geschiedener Vater muss er sich die Spötteleien der jungen Singles im Büro anhören.

Manfred ist das typische Beispiel eines Mannes in den mittleren Jahren im mittleren Management. Nach einem dreißigjährigen Berufsleben sitzt er nicht in einem Büro mit Panoramablick über die Stadt, er beugt sich im Großraumbüro über seinen Monitor, der mit Notizzetteln und Fotos seiner Tochter beklebt ist. Wie viele seiner Generationsgenossen hatte Manfred geglaubt, dass er in seinen Fünfzigern ein stabiles Plateau in seinem Berufsleben erreicht haben würde. Doch dann kam die erste von einer ganzen Reihe von Finanzkrisen, die Revolution der Internet-Technologie, und die Mitarbeiter über 50 waren die ersten, denen gekündigt wurde. Bald wurden ganze Branchen ausgedünnt oder verschwanden vollständig. Es wurde eng, vor allem für teure Angestellte mit ihren hohen Lohnnebenkosten. Manfreds Berufsaussichten fielen schneller als die Aktien der Lehman Brothers. Er fragte sich nicht mehr, wie weit er es in seinem Job gebracht hatte, er schätzte sich glücklich, überhaupt noch einen Job zu haben – auch wenn das bedeutete, mit frisch gebackenen Abiturienten zu konkurrieren. Ein großer Unterschied zu seinem Vater, der mit 50 die Tage in seinem Büro in einer Bank damit verbrachte, Pläne für den Rosengarten zu zeichnen, den er in seiner Rente anlegen würde.

Ein paar Wochen nachdem Jürgen gegangen war, kam Manfred in die Bar und trug die große Pappsilhouette eines blonden Models in weißem Kittel mit einem Stethoskop um den Hals vor sich her. Sie lächelte und hielt in ihrer offenen Hand eine einzelne, blaue Viagrapille. Viktor und ich applaudierten. Gut, vor zehn Jahren hätte sich Manfred nie vorstellen können, ein kleines Werbebanner für eine Discount-Apotheke an eine Porno-Website aus Weißrussland zu verkaufen. Aber die aufgeblähten Erwartungen seiner Jugend sind etwas abgeschwollen. Ich kenne das, denn bei mir ist es genauso. Darum klopfe ich Manfred auf den Rücken und spendiere ihm einen Drink. Kein neues Leben. Keine großartigen Veränderungen. Wir sind immer noch in den Schützengräben unseres tagtäglichen Daseins in den mittleren Jahren. Wir kämpfen weiter. Und heute haben wir einen kleinen Sieg errungen.

Wir werden in einer Gesellschaft älter, für die L *Performance* zählt und die auf zielstrebigen, jugendlichen Ehrgeiz setzt. Für Manfreds Verflossene Melanie war ein Berufswechsel die Antwort. Sie träumte nicht davon, ein Strandcafé auf Ibiza zu eröffnen, sie wollte einfach nur von ihrem anstrengenden Beruf zu etwas Geerdeterem, spirituell Erfüllenderem wechseln, das, wie sie fand, besser zu ihrem Alter passte. Sie folgte dem Vorschlag ihrer Therapeutin und beschloss, ihre Arbeit in der Buchhaltung zu kündigen und Yogalehrerin zu werden.

Ungefähr zur selben Zeit bemerkten viele andere berufstätige Frauen in den mittleren Jahren, wie sehr der zweimal in der Woche stattfindende Yogakurs ihr Lebensgefühl veränderte, und trafen dieselbe Entscheidung. Daraufhin gab es so viele Yogalehrerinnen, dass der Markt gesättigt und der Konkurrenzdruck groß wurde. Die Tanzschulen, denen das nicht verborgen blieb, erhöhten ihre Raummieten. Melanie musste eine PR-Kampagne starten, ihre Homepage immer auf dem neuesten Stand halten, genau wie ihre Facebook- und Twitter-Accounts und natürlich einen regelmäßigen Newsletter verschicken, um überhaupt eine Chance zu haben, neue Kursteilnehmerinnen anzulocken. Doch ständig kamen immer jüngere Yogalehrerinnen dazu, die neue Yogatechniken anboten, so dass Melanie an ihren Wochenenden nicht mehr frei hatte, sondern ihren wunden, schmerzenden Körper zum Kranich, zur Gottesanbeterin und zum Banana-Split verbog.

Melanie befand sich im Yoga-Hamsterrad und kam nicht mehr heraus. Der tiefe Brunnen ihrer inneren Ruhe sprudelte über und sie erlitt einen Zusammenbruch. Aber sie erholte sich gut und arbeitete einen Monat später wieder für dieselbe Buchhaltungsfirma, die sie verlassen hatte. Sie hatte ihr altes Leben wieder und fühlte sich verjüngt und vor allem *positiv*. Vielleicht war es das, was Buddha meinte, als er vom »Kreislauf des Lebens« sprach.

Manche werden behaupten, dass Melanies Geschichte der Beweis dafür ist, dass ein Wechsel im Berufsleben einfach nicht genug ist. Wer in den mittleren Jahren ist, sucht eine neue Bedeutung im Leben, eine Befreiung vom Ehrgeiz der Jugend, man muss sein gesamtes Leben ändern. Vielleicht hätte sich Melanie doch dieses Strandcafé auf Ibiza kaufen sollen?

Aber eine Lebens-Neustart-Strategie ist nur dann eine gute Idee, wenn sie tatsächlich ein neues Leben bedeutet und nicht nur das alte Leben in exotischer oder ländlicher Umgebung. Wer Ökobauer wird, befreit sich selbst von der Versklavung durch den Bürocomputer, aber wird Stunden damit verbringen, die solarbetriebene Güllepumpe zu reparieren. Nachdem man im Morgengrauen die Hühner gefüttert, die Kühe gemolken und den Pferdestall ausgemistet hat, fährt man ins Dorf, um den Dünger auszuliefern. Dann geht es zurück zum Bauernhof, um den Zaun zu reparieren, unterwegs wird noch ein Lamm aus dem Schlamm am Wegrand gezogen, wobei man sich die Schulter auskugelt. Nach einem kalten Mittagessen in einem genetisch nicht veränderten Maisfeld, das sich weigert zu gedeihen und ums Verrecken nicht wächst, gibt es den Termin mit dem Tierarzt, der sich um die arthritischen Beschwerden der Schweine kümmert und, wo er schon mal da ist, um die ausgekugelte Schulter. Irgendwann fällt man dann ins Bett neben eine Ehefrau, die wie von Sinnen Wollmützen für die Spargelstecher strickt und einen daran erinnert, dass man vergessen hat, die Fuchsfallen aufzustellen. Man ignoriert sie und schläft ein. Am nächsten Morgen sieht der Bauernhof aus wie eine Szene aus *Das Schweigen der Lämmer.*

Doch was ist mit denjenigen, die schon ein alternatives, bedeutungsvolles Leben führen? Sind auch Pelikanschützer im Mississippidelta in den mittleren Jahren von ihrem Leben enttäuscht? Halten traditionelle Korbflechter in Neuseeland, was sie tun, für sinnlos? Denkt ein Sozialanthropologe in Papa-Neuguinea plötzlich, dass sein Leben leer und bedeutungslos ist, während er einen Stammesältesten fragt, warum er seinen Penis in einem Flaschenkürbis aufbewahrt?

Vielleicht hat Jürgen diesen lebensverändernden Schritt genau deshalb getan, weil er sich *nicht* in einer Midlife-Crisis befand? Schließlich ist es einfacher, einen großen Sprung zu tun, wenn der Boden, auf dem man steht, fest ist. Leider steckten Manfred, Viktor und ich bis zur Hüfte im Treibsand. Wir gelangen nirgendwo hin, denn wir sind zu sehr damit beschäftigt, an der vordersten Front des Berufs- und Familienlebens zu kämpfen. Irgendeine Art von Perspektive zu haben ist schwierig, wenn man sich mit dem Alltag der mittleren Jahre im Nahkampf befindet – wie soll man im nächsten Monat die Rente bezahlen? Wer kann einen nächsten Mittwoch bei der Arbeit vertreten? Warum bittet die Schule so dringend um ein Elterngespräch? Wann soll man die Sicherheitssoftware des Familiencomputers auf den neuesten Stand bringen?

Wer hat da schon die Zeit, die Sahara auf einem Motorrad zu durchqueren? Eine Cappuccinobar zu eröffnen? Cembalospielen zu lernen? Natürlich haben wir uns gelegentlich zu später Stunde, von einigen Flaschen Wein befeuert, vorgestellt, wir würden alles aufgeben und auf die Galápagos-Inseln ziehen, um den Pinguinen Stepptanz beizubringen, aber genauso natürlich war das nur Spinnerei. Ein wenig Wunschdenken, während man sich zwischen den Runden des täglichen Boxkampfes gegen das Leben in den mittleren Jahre ein wenig regeneriert.

Während Jürgen im Himalaya von einem Dorf zum nächsten wandert, seine Brillengläser und sein Optikerwerkzeug im Rucksack, könnte er auf die Idee kommen, dass seinen alten Freunden einfach die Chuzpe fehlt, ihr Leben zu ändern. Wir sind so sehr davon besessen, das Wenige, das wir haben, nicht zu verlieren, dass wir die Sicherheit unseres eigenen Goldfischglases nicht verlassen, um neu anzufangen. Doch der Grund dafür ist nicht unbedingt Furcht, sondern das Wissen darum, wo wir uns im Leben befinden. Vielleicht bedeutet wirklich erwachsen zu werden, die Welt nicht mehr erobern zu wollen, sondern nur ein wenig Glück im eigenen kleinen Winkel davon zu finden. Aus diesem Blickwinkel betrachtet, ist die Entscheidung, alles aufzugeben, um Yakrennen auf dem mongolischen Hochplateau zu veranstalten, ein Beispiel jugendlicher Regression und kein Befreiungsschlag in den mittleren Jahren.

Intuitiv sind wir uns einer tieferen Wahrheit bewusst: Ob wir in einem Hausboot in Finnland oder halbnackt in einem Baum am Amazonas ein neues Leben beginnen, wir werden immer noch derselbe Mensch sein wie zuvor. Früher oder später, wenn der Neuheitswert und die Euphorie verflogen sind, wenn wir gelernt haben, wie man das Hausboot steuert oder einen schlafenden Python als Kissen nutzt, werden wir der Tatsache ins Auge blicken müssen, dass wir immer noch sind, wer wir waren. Wenn die mittleren Jahre einem eines lehren, dann ist es, dass man vor sich selbst nicht weglaufen kann. Ob man über den Indischen Ozean kreuzt oder über den Grand Canyon gleitet, man wird immer einen lästigen, ungewollten Passagier bei sich haben: sich selbst.

\*\*\*

»Jetzt ist es nicht mehr weit, wie geht es deinem Rücken?«

Carolin, die neben mir geht, lächelt. Ich nicke und lächle zurück. Wir machen mit Manfred, Sonja und Viktor eine Bergtour in Bayern. Benni läuft vor uns her. Der Aufstieg war steil und meine Bandscheibe zwickt ein wenig. Etwas weiter unten mussten wir eine kleine Pause machen, damit ich mich ein wenig dehnen konnte. Ich blicke nach vorn und sehe die breiten Schultern meines Sohnes in einiger Entfernung. Der steile Aufstieg hat auf seine großen, lockeren Schritte nicht den geringsten Effekt. Er wartet einen Augenblick, damit Viktor, der ebenfalls ein wenig kämpft, zu ihm aufschließen kann, dreht sich zu uns um und winkt.

Vor ein paar Wochen erreichte mich eine Postkarte von Jürgen und Mechthild. Sie hatten sie von Katmandu aus geschickt, nachdem sie von einem Wanderurlaub im Himalaya zurückgekehrt waren. Auf der Vorderseite der Postkarte war ein Foto des Mount Everest.

Es war schon immer mein Traum, den Mount Everest zu besteigen. Als Kind haben die Aufnahmen von Edmund Hilarys erstem Aufstieg, die in demselben Jahr entstanden, in dem ich geboren wurde, einen großen Eindruck auf mich gemacht. Ich wuchs mit dem Wunschtraum auf, dass ich eines Tages auch über den schneebedeckten Himalayagipfeln stehen würde. Für einen Moment würde ich der größte Mensch auf der Erde sein.

Als ich die Postkarte erhielt, war meine Freude für Jürgen durch ein wenig Neid und Traurigkeit getrübt.

»Noch eine Sache, die ich nie tun werde«, dachte ich.

Doch nach ein paar Tagen überraschte mich ein ganz anderes Gefühl: Erleichterung. Ich würde tatsächlich nie durch den Himalaya wandern und ganz bestimmt nicht den Mount Everest besteigen. Das war eine Tatsache. Und jetzt würde ich aufhören, mich mit dem Gedanken zu quälen, dass ich es tun sollte.

Ich richte den Blick auf den felsigen Pfad, der sich steil in Richtung Gipfel windet. Der Wind jagt den Schatten einer einzigen weißen Wolke durch das sonnige Tal unter uns. Wir sind nicht im Himalaya und ich besteige nicht den Mount Everest, aber das hier ist genau richtig. Dieser bescheidene Berg, der Himmel darüber und das Tal darunter sind einfach perfekt. Und endlich kann ich einfach genießen.

Wenn ich mir nur nicht den Rücken ausrenke.

# Dank

Den folgenden Personen gilt mein Dank: Meiner Lektorin Anna Egger für ihre geübte Anleitung, unbeirrte Unterstützung und unerschöpfliche Geduld, Tobias Bungter für seine Übersetzung und unsere Zusammenarbeit an selbiger, Volker Sonntag dafür, dass er die Geschäfte am Laufen hält und Claudia Trede für ihre Hilfe.

Vor allen anderen danke ich aber meiner Frau Barbara, die den Verrückten ertragen hat, zu dem ich zeitweise wurde, während ich dieses Buch geschrieben habe.

Zu guter Letzt gilt mein Dank meinem Vater, dem Psychoanalytiker Ronald Britton, der nicht nur das Manuskript gelesen, sondern auch über alle Pointen gelacht hat. Behauptet er zumindest.